亡国最終兵器

―TPP問題の真実

関岡英之（ノンフィクション作家）
長尾たかし（衆議院議員・民主党）
中野剛志（京都大学大学院准教授）
東谷　暁（ジャーナリスト）
藤井孝男（参議院議員・たちあがれ日本）
三橋貴明（経済評論家・作家）
山田俊男（参議院議員・自民党）
水島　総（日本文化チャンネル桜代表）

はじめに

水島　総（日本文化チャンネル桜代表）

本書は衛星放送日本文化チャンネル桜の番組「闘論！倒論！討論！」で議論された内容を基に構成されている。３時間にわたりＴＰＰ（環太平洋パートナーシップ協定）について白熱した討論が行われたが、出席者は、このＴＰＰ問題について、概ね反対の立場に立つ人々である。実はこれ以前にも、同じ番組枠でＴＰＰ賛成派との討論が行われ、ＴＰＰ賛成派として有力な学者やジャーナリストが登場したが、本書の著者たちの論駁によって、賛成派の主張は文字通り木っ端微塵にされた。司会役の私は、それを目の当たりにしながら、なぜ、民主党政府をはじめ、経団連（財界）、官界、ほとんどの新聞やテレビのマスメディアが大政翼賛会のごとく、こんな危ないＴＰＰに賛成するのか、それを明らかにしなければならないと考えた。

今回の議論で明らかになったのは、実はこのＴＰＰ問題を政官財マスメディア、一般国民のほとんどが、正確に理解しておらず、郵政民営化問題と同じく「改革」「前向き」という掛け声に、ただ気分で賛成しているだけだという驚くべき実態だった。さらに深刻な点は、戦後日本の指導層（政官財、マスメディア）が、この亡国につながるＴＰＰ問題の本質にまったく気づかぬという知的劣化の恐るべき実態である。本書の中でも、ＴＰＰ問題の核心をついた発言が次々に出てくるが、ＴＰＰ問題の本質は、単なる日本の農業問題でも、貿易の自由化という経済問題だけでもない。はっきり言えば、日本の国防安全保障に関わる独立自存と国家主権の問題であり、さらに言えば、我が国の「国体」＝国柄の解体に通ずる重要で危険な問題なのである。

司会役の私もＴＰＰ反対論者であるが、出来るだけ議論の進行は冷静で客観的になることを意識した。発言者の明快で熱い発言を聞きながら、明治の志士たちは、我が国の独立自存の危機に、かくの如き議論をしていたのではないかと思った。

本書はＴＰＰ反対論の入門編であり、かつまた集大成でもある。読者は本書によって、今、日本がいかに「危険な」ポジションにあるかを知り、震えあがるかもしれない。それだけの「力」を持つ「警世の書」でもある。熟読精読をお願いしたい。

葛の花　踏みしだかれて、色あたらし。この山道を行きし人あり　　　釈迢空

目　次・亡国最終兵器

――ＴＰＰ問題の真実

はじめに……3

第1章　ＴＰＰ推進一辺倒に潜む大きな危険……11

第3章 TPPの裏に隠されたアメリカの陰謀

※本書は平成23年2月26日（土曜日）に
収録した番組を単行本化したものです。
ニュース等に関しては、その時点での発言です。

第1章

TPP推進一辺倒に潜む大きな危険

日本の食文化を変えたパンとミルクの給食

水島　皆様、今晩は。
一同　今晩は。
水島　『日本よ今、闘論！　倒論！　討論！　２０１１第２１５回目』、本日は、『ＴＰＰ問題と日本の行方』というテーマで討論してまいりたいと存じます。このテーマは４週ほど前に経済討論で取り上げまして、大変な反響を呼びました。
　今日は政治家の皆さんにも加わっていただきまして、さらに議論をしてみたいと思います。それでは早速、ご出席の皆さんをご紹介申し上げます。参議院議員・たちあがれ日本の藤井孝男さん。そして、参議院議員で自由民主党の山田俊男さん、ジャーナリストの東谷暁さん、衆議院議員で民主党の長尾たかしさん、ノンフィクション作家の関岡英之さん、経済評論家で作家の三橋貴明さん、京都大学准教授の中野剛志さんです。
一同　よろしくお願いいたします。
水島　以上の皆様で議論いたします。最近、ＴＰＰ問題は、いろいろなメディアで、まともな議論の俎上に取り上げざるを得なくなってきました。我々は、これが何を意味しているかということに非常に注目しているところです。

私は、来月出る『正論』にも書いたんですけども、私達が小さい頃に、アメリカはミルクとパンを給食に導入させたんですね。これは、軍事物資の小麦粉を捌《さば》くために、いろいろな国に販売しなければいけなくなったからです。

我々が、学んだというか、キャンペーンを受けたのは、『米を食べると馬鹿になる』ということでした。本当にそうであると思っていました。給食が普及して日本の食生活自体も変わってきました。

例えば、かつて日本は、一つの釜の飯をみんなで食べるという食生活でしたよね。お父さん、お母さんを中心にして、ご飯をよそいあって食べるというところから、店で買ったパンを皆で分けて食べるというものに変わりました。このように基本的な日本の食文化そのものであっても、キャンペーン一つで、あるいは、そういう流れで、文化が変わっていくということもあります。

私は、TPP問題というのは、経済問題だけではなく、日本の国、あるいは日本の国民が、これからどうしていくか、性根が問われている問題でもあると思っているわけです。米作りの農業は、単なる米の生産工場ではなく、人の心が水田を作ってきたものだと思います。ただ、これが純粋に、経済的には、どうなんだろうかということで、今日は、専門家の皆さん、政治家の皆さんをお招きいたしましたので、そういうお話を、伺いたいと思います。

せっかく、議員の方3名にお出でいただきましたので、1人ずつご紹介かたがた、TPP問題と今の日本の政治についての見解を伺いながら、話を進めてみたいと思います。まず、藤井議員、今の、政局の混乱を含めたコメントをお願いいたします。それではTPP問題を含め、お話を始めてください。

政治に対する不安・不満が渦巻いている

藤井　はい。私は国会議員に当選いたしまして、ちょうど30年になります。途中、2年間のブランクがありましたけど、現在、参議院議員として活動しています。今日は、現在の政権政党である民主党の長尾さんがいらっしゃいますけど、実は私も30年という長い期間、自民党の議員でありましたので、政権に長くおったわけです。

ところが、最近、地元に帰りましていろいろな分野の人と会いましても、また東京においても、与党、野党に関係なく、「藤井さん、今、政治はどうなっているんだ、このままいくと、日本はどうなるんだ」ということをよく聞かれます。与党だ、野党だということよりも、私が国会議員であると分かると、異口同音に聞かれるんですね。

これは、いかに日本の現状が問題か、将来に対する不安、不満、そして、それが勢い政治に対する不安、不満になってきているかということだと思います。

自民党から政権交代をして民主党の時代になっています。ところが民主党政権の2代目の総理大臣、菅総理大臣の政治の手腕、あるいはリーダーシップ、日本をどうするのかということに関して、まったく国民の皆様の期待を裏切っています。率直に言って、裏切られていると感じている国民の方は少なくないと思いますよ。それに、民主党の中で内ゲバだか、内乱だか、反党行為なのか、何だか訳のわからないことで、ぐちゃぐちゃになっているという状態を見ますと、これはますます、由々しき問題に立ち至っております。

我々は野党の立場におりますけれども、一刻も早く、こういう事態を脱却して、本当に挙国一致内閣を作るという気概で、厳しい現況を乗り越えていかないといけないという気持ちでおります。

ＴＰＰもその内の大事な問題です。そこで問われているのは、今世界で何が起きているのか、世界にとって何が重要か、さらに日本は世界の大きな流れのどこに位置するか、という認識です。今日は、私もいろいろな意見を述べさせていただいて、今こそ、我々政治に携わる者が、頑張っていかなきゃいけないという気持ちで、お伺いいたしました。

水島　はい、よろしくお願いします。ＴＰＰについては、たちあがれ日本はどんな感じなんでしょうか？

藤井　我が党には5人のベテラン議員が所属していますけども、私達はＴＰＰ問題を、基本的に郵政民営化とある面では似ている部分があると考えています。似ている点とは、郵政民営化自体が全面的に駄目だ、ということではなくて、じゃあ、郵政民営化によって、日本に何のメリットがあったのか、そしてデメリットはいったい何なのか、ということが検証されないままに今日まで至っている点です。

しかも、今、政権政党は、国民新党からの要請で郵政の改革法案を出そうとしています。そういう中で今度、昨年10月に菅総理が唐突にＴＰＰ参加という積極的な発言をし始めました。それで閣議決定もしました。今年の3月、あるいは6月には、農業、または人の移動に関する問題について結論を出すとおっしゃっています。

しかし、これもまた、いったい、ＴＰＰに参加することによって日本は、どういうプラスがあるか、アメリカの真意は何か、という検証抜きに唐突に俎上に上がってきました。しかも、政権政党の中でさえ真剣に論議されていない。一般国民もマスコミの主張するＴＰＰに参加することが「世界の潮流に遅れをとらない政策である」、あるいは「孤児にならないための決断」みたいな情緒的で感情的な情報の波にさらされました。

またある面では、郵政民営化と同様にイエスかノーかを直ちに迫るような雰囲気がありました。そのこと自体、私は国民にとっても、国家にとっても不幸なことだと思っています。

そういった意味では冷静に、我が党も真剣に考えていきたいと思っております。

水島　ありがとうございます。それでは、山田さん、お願いします。

ＴＰＰ推進は、普天間、尖閣の汚名返上か？

山田　山田俊男です。ともかく、民主党は国民生活第一ということを掲げて選挙をやってきたと思うのですが、今はＴＰＰの話が一番なんですね。いったい、国民生活第一なんていうスローガンは何だったのだ？　と疑わざるを得ないですね。よほどＴＰＰ加入については、オバマ大統領から強い要請があったようですね。これを受けて、じゃあ、加わろうというふうに判断したのだと思います。

もう一つは普天間が失敗したこと。さらに、尖閣での失敗。そういうことを鑑みて、外交上、取り返さなければいかんということなのかもしれません。

だって菅さんはもともと、民主党の中で農業について比較的詳しいと言われていて、食と農の再生プロジェクトの顧問になり、それを主催する役割を果たしてきました。ところが、我が国の農業の実態をご存知であるにもかかわらず、その人がともかく、関税撤廃の世界に自分から飛び込んでいくと言われているわけですからね。これはもう、本当に信じられないいっていうのが、今の私の気持ちです。

自民党内では、「ＴＰＰ参加の即時撤回を求める会」という会を組織しておりまして、私は、その事務局長を務めています。自民党議員の半数以上が集まって、ずっと勉強会を積み上げてきていますので、ここはもう、何としてでも、この市場原理と言いますか、新自由主義に飛び込んでしまった菅総理に、徹底して反省と撤回を求めたいという立場でいます。

ＴＰＰは死に体政権同士の国際協定か

水島　はい。ありがとうございます。東谷さん、お願いします。
東谷　何度も申し上げているんですが、ＴＰＰへの参加というのは、あまりにも筋の悪い話なんだということですね。一つは、国会で野党の議員の先生方が、菅首相に対して、ＴＰＰについて細かい内容を聞こうとすると、「交渉中だから、どうなるのか分からない」「内容については話せない」と答えます。これは、一国の首相が、自分の進めている外交の内容を話せないということです。そんな馬鹿な話はあり得ないわけです。
もちろん、外交交渉というものは、状況がどんどん変わっていくものだから、どうなるか分からないということは、あるかもしれません。しかし、日本の立場はどうであれ、自分の政権はどこまでもっていくのか等、こういう方針でやるということがあるべきでしょう。それが一言もないんですね。つまり、自分達で決められないいんじゃないかという疑いが生まれてもしようがない。自分たちで決められないから、このようなあやふやな答弁を繰り返している。そういう意味で、非常に筋が悪い。

もう一つは、今のオバマ政権も、それから菅政権も、両方ともレイム・ダック（死に体）だということです。レイム・ダック同士が国際協定を結んで、いったい、どうする気なんでしょうね。長期的に見た時に、それを本当に履行できるのかという疑いをぬぐい去ることができない。オバマ大統領は、もう二度と大統領になれないと言われているわけです。それから菅首相もおそらく二度と首相になれないと私は思っています。そういう取り合わせで、いったい何を決めようとしているのか。国会で野党の先生方が聞いても与党は何も答えられない。

先程、郵政の問題が出ましたが、私は小泉政権の「郵政民営化」については、デメリットしかなかったと思っています。郵政の民営化については言いたいことがたくさんあるのですが、ここでは小泉政権が国民を欺いたことを二つ挙げます。

竹中平蔵郵政民営化担当大臣は、郵政民営化によって「官から民へ」郵政資金が流れて、それが景気を押し上げると主張しました。しかし、そんなことは、まったく起こりませんでした。むしろ、郵政の国債保有率は高まった。それは、民営化以前から分かっていたことです。

それから、もう一つ、小さな政府にしなくちゃならないから、郵政の職員をみんな民間人にすると言った。そうすると小さな政府への道が開かれると述べたわけです。しかし、これも最初からでたらめだったんです。郵政の職員は身分は公務員でも、給料が税金から出ていたわけではない。郵政は現業でしたから独立採算制で、郵政内部から出ていたんです。こういうまったくのインチキをやって民営化を煽ったわけですが、二つとも達成できなかった。当たり前ですね。郵政民営化担当大臣が約束していた二つのことが、まったく達成できていないことから見ても、郵政民営化というのは、失敗であるだけでなく、国民への裏切りだと思います。もっとお話ししたいんですけど、後程、話させていただきます。

TPPが突然浮上した裏側に何が？

水島　はい、ありがとうございます。長尾さん、チャンネル桜として申し上げますと、こういうところにも、何度もご出演されて、勇気ある意見を開陳しておられます。まず今、与党で、いろいろ攻められる立場にありますが、出演していただいたことに、敬意を表したいと思います。その上で、いろいろ、このTPP問題について、ご意見をお聞かせください。

長尾　いえいえ、こちらこそ、感謝しなければいけないのは私のほうで、こういう場を与えていただきましたことに感謝したいと思っております。

政局についてですが、永田町の雰囲気で言うと、従来の政権にはうんざり、現政権にもガッカリというところです。いわば、政党政治に対する大変な不信感が募っておりまして、おそらく支持政党のある人を全部足しても50％に達しないというくらいだと思います。地元に帰りますと、確かに、そういう感覚です。

民主党内で言えば、西松建設の時が一番、逆風の体感があったんですが、今はもう、全然罵声もありません。むしろ何か一生懸命応援していただいている方からの必死の支援を実感しています。何を言いたいのかと言うと、むしろもう何も感覚がなく、「ああ、何か一生懸命やっているのはよく分かるけど、私はあなたのことを信用していないよ」というような視線が強いように思います。いわば、これは声なき声に、どれだけ耳を傾けていけるかということが問われているのだと思います。ところが永田町のほうは、今、聞く耳を持たないような有様です。

TPPについては、私事なんですが、私は、民間の保険会社に17年間、勤めていました。当時、死亡保険には第1分野、第2分野がありました。その後、第3分野である医療保険が日本に参入する時に、団体型の医療保険しか、漢字生保は売らせてもらえなかったのです。

私は日頃の仕事の中で、なぜ、優先順位が違うのだろうかと、政治行政のあり方に非常に疑問を持ちました。それで仕事をしながらではありますが、文献を紐解きまして、そこで日米構造協議にぶち当たりました。これは、やはり日本に先を越されたくないアメリカの思惑と、公共事業で金儲けをしたい日本の一部政治家の思惑が合致したようです。

さらにその延長線上には、年次改革要望書があり、表紙が変わって、今回はＴＰＰになってきている……、これが私の理解であります。

ともかく非関税障壁がターゲットであるということは百も承知で、私も同じ政党にありながら、なぜ、あそこにＴＰＰという単語が出てきたのか？　ＥＰＡ（経済連携協定）、ＦＴＡ（自由貿易協定）、ＦＴＡＡＰ（アジア太平洋自由貿易圏）とか、こういう名称はよく聞いたんですが、なぜ、あのタイミングで、急にもうファッションのように出てきたのでしょうか。

おそらく当時、「ＴＰＰって何？」と思っていた議員がほとんどだったと思います。今はもう、いつ頃からこの単語が使われたのか記憶にないくらい、当たり前に使われているところに、非常に違和感を持っております。

今日は皆さんにいろいろなご意見をいただきながら、私も、これに対しての意見を申し上げたいと思っています。以上です。

TPP推進論の3つの誤謬

水島　はい、ありがとうございます。では、関岡さん、お願いします。

関岡　私も1997年まで銀行員をやっておりまして、金融業界に身をおいておりましたので、やはり当時の保険分野のアメリカの外圧は、保険業界をお隣から見ていても大変なものだと思っておりました。ですから、長尾先生のお話を大変、共感を持ってお聞きしました。

長尾先生の言われた保険の第3分野における問題とは、要するに、背後には、アメリカの保険業界が存在するということなんです。

今、マスコミを見ますと、右から左まで、大手のマスコミは、とにかくもうTPP推進論一色になっています。やはり、私は、この点に非常に大きな違和感を持っています。少なくともTPP推進論の中に三つの誤謬があるんじゃないかと思っております。冒頭に、それだけ触れさせていただきたいと思います。

1点目は、こちらになります。そのTPPを推進しなくちゃいけないと言っている方々は、「入らないと日本は取り残されてしまう」とか「日本がその世界から孤立してしまう」というようなことを言われる方が多いわけです。しかし現在TPP、P9という協定について交渉中である9カ国のうちの6カ国とはもうすでに、日本は2国間のEPAを結んでいるんで

日本が取り残される？→日本とTPP参加国の経済連携

TPP P9	二国間 EPA	多国間 EPA
シンガポール	2002年11月 EPA 発効	東アジア包括的経済連携構想 CEPEA ASEAN＋6（日中韓印豪 NZ）
マレーシア	2006年 7月 EPA 発効	
ブルネイ	2008年 7月 EPA 発効	
ベトナム	2009年10月 EPA 発効	
チリ	2007年 9月 EPA 発効	
ペルー	2010年11月 EPA 交渉完了	
オーストラリア		
ニュージーランド		
アメリカ		

すね（表・上）。

日本との間でまだバイラテラルなEPAが決着していないのはオーストラリア、ニュージーランド、アメリカで、いわゆる、アングロサクソン3カ国のみということです。

オーストラリアとは先週、交渉しましたけれど、結局、平行線が埋まらなかったということで、どちらかと言うと、バスに乗り遅れそうになっているのは、アングロサクソンの3カ国であって、日本は何も慌てる必要がないと思います。

さらに、これはまだ構想段階ですが、我が国は、東アジア包括的経済連携構想というASEAN・プラス・シックスと言ったほうが早いと思うんですけども、ASEAN10カ国に日中韓、インド、オーストラリアとニュージーランド、これを含めた地域経済圏構想というのを推進しております。

ですから、もし、これが実現すれば、この9カ国の内、オーストラリアとニュージーランドもカバーされるわけですね。そうすると、この2国間のEPAによっても、あるいは多国間のEPAでも、いずれも担保されない唯一の国がアメリカとなります。ですから、バスに乗り遅れそうになっている、あるいは取り残されそうになっている、アジアの成長からビハインドしているのは、実は、アメリカだということなんですね。

ですから、日本はこれから交渉していく上で、何か自分が追い詰められているとか、自分が非常に不利な立場にあるという、間違ったモメンタムで交渉したら、誤ると思うんですね。ですから、自分自身のポジションを押さえておく必要があるというふうに思います。

じゃあ、アメリカが困っているんだったら、アメリカに恩を売るいい機会じゃないかとか、あるいは、アメリカに貸しを作ればいいじゃないかということを言われる方がおられます。彼らは、これはとりもなおさず、中国に対する牽制にもなるとも言われています。

これについては、前回の討論番組の時に東谷さんが指摘されていましたが、TPPには、安全保障の側面がないので、軍事的な色彩は全然ないわけですね。ただ、経済的には、日米が連携をすれば、やはりそれは心理的には、中国に対する牽制になるという主張には、一理あると思っているんです。ただし、本当にTPPが未来永劫、中国に対する牽制になるかというと、そうではないと思いますね。実はオバマ大統領が非常にハッキリ言われていることでもあります。

オバマ大統領の口から、ＴＰＰの話が初めて出たのが、一昨年の２００９年11月14日、サントリー・ホールでの演説の中です。その時、オバマ大統領は、非常に正直に、ＴＰＰの目的を言っているんですね。「アメリカにとって、これは雇用戦略です。現時点でアメリカの輸出は、アメリカの何百万もの高賃金の雇用を支えています。この輸出の量を少し増やすことは、何百万もの新規雇用を創出する可能性を秘めています」と。オバマ大統領は、アメリカの雇用対策であることを非常に正直に言われていますね（表・左）。

さらに、中国に関しても、「中国のパートナーシップは、経済回復を活発化させようとする私達の努力にとって重要であることが立証されています」と。つまりオバマさんの視野の中には、将来、中国も含めるということが入っているわけですね。だから、中国を排除するとか、包囲するという話じゃなくて、とりあえず、日米がまず手を結んで、東アジアのディファクト・スタンダードを作ってしまい、最終的には中国も取り込んでいくというのが、アメリカの壮大な、あるいは、迂遠なと言ってもいいかもしれませんけれども、世界戦略です。

したがって、中国がいずれ入ってくるという前提で考えておくべき問題だと思います。そのことについて、実は昨年の菅総理の臨時国会における所信表明演説でも、そういうふうに

中国に対する牽制になる？

2009年11月14日 オバマ大統領の東京演説

アメリカにとって、これは雇用戦略です。現時点でアメリカの輸出は、アメリカの何百万もの高賃金の雇用を支えています。
この輸出の量を少し増やすことは、何百万もの新規雇用を創出する可能性を秘めています。……（中略）……
中国のパートナーシップは、経済回復を活発化させようとする私達の努力にとって重要であることが立証されています。

2010年10月1日 菅総理大臣の所信表明演説

……ＥＰＡ・ＦＴＡが重要です。その一環として、
環太平洋パートナーシップ協定交渉等への参加を検討し、
(TPP)
アジア太平洋自由貿易圏の構築を目指します。
(FTAAP)

言われているわけです。

ＴＰＰについてだけ言ったわけではなくて環太平洋パートナーシップ協定交渉等への参加を検討し、さらに、アジア太平洋自由貿易圏の構築を目指しますと言っているわけですね。つまり、二段階論になっています。それで、ＴＰＰには、中国が入っていないんですけど、ＦＴＡＡＰはＡＰＥＣ（アジア太平洋経済協力）加盟国の経済連携ですから、当然、中国が入るわけです。ですから、あくまでもＴＰＰは、ＦＴＡＡＰに至る入り口に過ぎないわけですから、中国に対する牽制にはならないと思います。

ちょっと長くなりましたので、３番目の農業の話は、また、農業の話が出てくると思いますので、その時にお話ししたいと思います。

TPP処理に含む3つの間違った手法

水島　はい、どうもありがとうございます。だんだん、おっしゃることが絞られてくると、後ろになる方の発言が難しくなってきます（一同　笑）。では、三橋さん、お願いします。

三橋　そうですね、今回のＴＰＰが非常に典型的だと思うのは、手法の部分で、今まで、日本の政治を混乱に陥らせている二つの手法が使われています。一つは、スローガン連呼。『平成の開国』という言葉ですね。そういうスローガンの響きはいいですよ。おそらく菅さんは響きがいいから、その言葉を使っているだけであって、中身はよく分かっていないのではないでしょうか。

もう一つは、他者、他者っていうのは外国じゃなくて、日本国内の誰かを悪者化して、それを叩く形で自分達の目的を遂げようとする、そういう手法が使われています。悪者にされているのはもちろん、農業なんですが、日本国民というか、かなりの日本人が最近、忘れてしまったことは、国民経済は繋がっているという現実です。

この他者を叩く典型はマスコミで、そのマスコミが政府を叩き、政治家を叩き、企業を叩き、官僚を叩き、国民も叩くんです。しかも、他者を叩きまくり、デフレを悪化させることばっかりやって、その結果、どうなったかというと、経営が悪化して、彼ら自身の給料が減って、雇用が危なくなっているわけですよ。まぁ、それは自業自得なんですが、要は、そういうふうに国民経済は繋がっているんです。

そのために、誰かを悪者にして目的を達成しても、結局、日本国民全体が損をするんですよ。今回、悪者にされているのは農業ですが、確か、昨年10月だったと思いますが、前原前外相が第１次産業は日本のＧＤＰの１・５％だと言われました。

１・５％を守るために、98・５％のかなりの部分が、犠牲になっているのではないかという指摘なんですが、この発言の後、農業を悪者化するというか、ＴＰＰ問題を矮小化するという動きが加速したんです。

そこで、私もこれ（表・次頁）を出させていただきたいんですけど、まずはＴＰＰで損をするのは農業でしょう。農林水産省が、青くなって、がぁがぁ言っているから、そうなんでしょう。それでは、得をするのは誰か？　ということを考えてください。得をするのは大手輸出企業ですね。特に耐久消費財メーカーです。耐久消費財っていうのは、家電とか、自動車とかですが、そういう方面の輸出がやりやすくなる、得をするって言う以上、この数字をお見せしたいんです。

これは、２００９年の名目ＧＤＰ、表の一番下のところです。名目ＧＤＰと日本の輸出額とを比べたグラフです。下から、日本のＧＤＰがだいたい5兆ドルくらいになっています。

2009年日本の名目GDPと輸出額（単位：百万ドル）

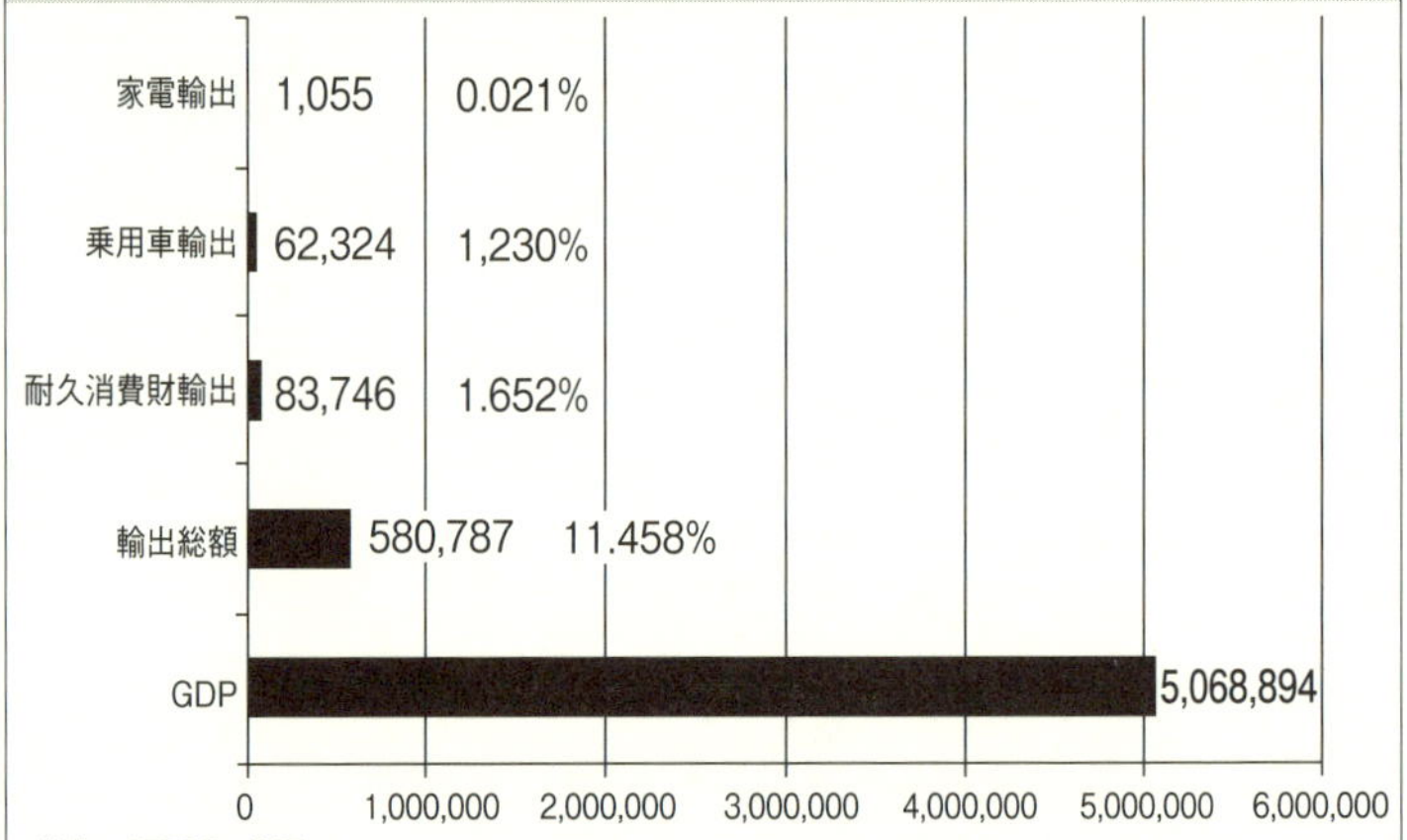

出典：JETRO、IMF

輸出総額が5800億ドルということで、まぁ、この数字は日本のGDPの11・457%でしかなく、割合にして1割強。さらに、耐久消費財は、GDPの1・652%です。農業は1・5%ですから、あまり変わらないじゃないですか

ついでに自動車の輸出は、対GDP比1・23%です。自動車は耐久消費財の一部なので、日本の耐久消費財の輸出の8割くらいが乗用車、自動車なんです。テレビなどの家電は、わずか0・0021%です。グラフで見えませんよね。こういうグラフになってしまいます。

こういう数値を見せると、日本の輸出の規模が分かるんです。私は別に、輸出企業を悪者化するつもりはありません。そんなことをしても、日本国民が、損をするだけなんですから。ただ、農業が、GDPの1・5%に過ぎないって言う

のであれば、そんなことを言うならば、耐久消費財だって変わらないじゃないかって言いたいわけです。で、こういう形でちゃんと数字を見て考えれば、どっちが日本の国民経済全体にとって得かっていうのが分かってきます。でも、残念ながら、そういう議論がされていません。農業を悪者化しているだけです。

私は、本当に不思議に思っているんですが、ＴＰＰっていうのは、もうすでに存在しているんですよ。ニュージーランド、チリ、ブルネイ、シンガポールの４カ国が入っているわけです。その４カ国で、すでに締結されている自由貿易協定なんですよ。

ということは、ＴＰＰの規約があるわけですね。ところが未だに、その日本語訳が出ていない。その段階で検討しろと言われたって無理ですよね。だから、隠しているとしか思えない。読まれるとまずいんで、隠して『平成の開国』というスローガンを連呼して、かつ、農業を悪者化して進めるということだと思います。

要は、日本の今までの政治の混乱の源であった、情報をオープンにしないで、スローガンを連呼する、それに加えて誰か他人を悪者化する。この三つが全部揃っているのがＴＰＰなんですね。

今回のＴＰＰの話は、日本の政治の最終的な問題だと思っています。これが通るようだったら、本当にまずいことになるんですね。逆に、これをきっかけにして、そういうおかしな状況や情報をオープンにしろと、他者を悪者化するなと、自分がどうせ損をするから、スローガン連呼じゃなくて中身を語ろうっていう風潮の、きっかけになって広まっていけば、日本はよい方向に行くと思います。個人的には結構、チャンスかなと思っているんです。

論点は関税率ではなく、非関税障壁

水島 はい、ありがとうございます。では、中野さん、お願いします。

中野 はい。今、三橋さんが言われたことと、私の問題意識は同じですね。これは、TPP自体の問題と言うよりは、今の議論の仕方とか、情報とか、いろんなことの根深い問題の氷山の一角なんだと思います。このTPP、それ自体よりも、それにまつわることを議論していくことが非常に重要じゃないかと思います。

それで、いくつか、申し上げたい論点があります。一つは、そのTPP自体が、今まで出ましたように中身がよく分からないということなんです。ただ、これは、よく分からないけれども、政府を含む推進論者は、その交渉で有利に持っていくために、早く交渉に参加しなければならないというロジックで押し切ろうとすると思います。

しかしながら、交渉を有利に進めるような、客観的な条件もないし、有利に進められるような力関係にもないっていうことです。私は、このＴＰＰについては、中身が不明であるにもかかわらず、明確に反対と断言できるという立場でございます。

第２番目としては、ルールをうまく作っていけない、日本が交渉をうまく作っていけないということと関係しますが、もうすでに首相は、ＡＰＥＣとかダボス会議の場で、国を開きますと連呼しているわけですね。ところが、もう明らかになっているように、すでに日本の関税率は十分に低い。農業の関税率だって決して突出して高いわけではありません。もちろん、関税を撤廃すると農業はまずくなりますが、関税の率が問題なのではなく、もう論点のフォーカスが非関税障壁に移ったということであります。

もうすでに出てきました保険の問題をご指摘いただいているのは、非常に重要だと思います。非関税障壁は見えにくく、水島先生が討論の冒頭で言われた米《コメ》のような文化の問題に、政府がわざわざ焦点を移してしまっているということです。また、もう関税率が低いのに、首相が国を開くと主張したのですから、焦点が非関税障壁に向かったことは明らかです。

こんなことをやっていて、どうして、ルールがうまく作れるんでしょうか。つまり、相手の国を開く、相手の国が閉鎖的だから開きますと、開かせますというのが普通です。ところが、自分の国、日本はすでに関税率が低いので、非関税障壁を壊しますというふうに約束したと、おそらく海外では受け取って、これはシメシメと思ったに違いありません。私ならそう思います。交渉を有利に進めるために入ると言いながら、交渉に入る前に、自ら交渉を不利に進めるようなことを言って、どうして有利に進められるのでしょう。

3番目は三橋さんが言われたのとほとんど被りますが、とにかく、このTPPの議論の仕方は、おかしすぎるんですね。それが非常に気に入らないことです。中でも一番気に入らないのは、TPPについてハッキリ分かっていないのに、マスコミが全部賛成したってこともあるんですが、とりわけ、これまでの10年、あるいは長くとって20年の構造改革を先導してきた人達や賛成してきた人達が、TPPに賛成をしているという、非常に分かりやすい問題です。

これも三橋さんが言われたことと絡むんですけども、まさに、TPPイコール構造改革というか、構造改革的なものの考え方と密接に結びついていることです。TPPに関して、明確に問題点とか論点を明らかにしていくことは、構造改革を問題視したり反省したりする絶好のチャンスでしょう。

全体的にまだ生き残っている構造改革を徹底的に議論して、構造改革っていう考え方、それ自体を叩き潰す。もっと言うと、構造改革のもっと深い淵源は、おそらく、かつて、安倍総理が言われた戦後レジームっていうものと密接に関わり合うと思います。だから戦後レジームを脱却したいのであれば、構造改革からも脱却してもらって、TPPにも明確に反対してもらいたいと、そこまで議論を持っていきたいというのが私の考えでございます。

メディアも財界も労働組合もTPPに賛成するのか

水島　はい、ありがとうございます。問題点が非常にハッキリしてきたと思いますけれども、そういう中で、やっぱり一般の読者は、マスメディアがなぜ、揃いも揃って、それこそ朝日新聞から産経新聞、日経新聞まで、こぞってTPP賛成。テレビはその関連なのか分かりませんが、全て賛成。政界はいろいろ考え方がありますけど、まぁ、政府が基本的には賛成。そして財界も、経団連とかが賛成している。会長の話を聞けば一目瞭然です。そして、なぜ、労働組合まで参加するのでしょうか。連合も賛成するということなりますと、まるで本当に「大政翼賛会」みたいな感じになってしまいますよね。皆さんが言われたように、本当に中身を分かっているのかな？　っていうと、実は、分からない。この奇妙な一種のソフト・ファシズムのような状態は、いったい何だろうっていう気持ちになりますね。

映像を見ているほうも非常に、不思議だと思うわけですね。そんなに、みんな馬鹿なのかと。馬鹿なのかって言っちゃぁ悪いけど、非常に不思議な感じがしているんです。これはいったい、何の現象なんだろうっていう感じがするんですけどもね。明快に、それについて明快に答えてくださる方、いませんか（笑）。

長尾　今の手法について、思い当たる節があります。『開国』、『開国』とそのフレーズを連呼しているというのは、ご指摘の通り、非常に不自然です。これは2月17日に、我々の党内のPTの中で配られた資料ですけど、内閣官房から、『平成の開国と私達の暮らし【仮称】』というタイトルの資料でした。

ところが、これは目次だけなんですね。よく読みますと、多分、平成の改革に関する政府の基本方針とか、日本の現状とか将来の不安、日本を取り巻く国際環境、要は、これを受け入れると、こんなに素晴らしい国になるんですよと言わんばかりの内容でしかも目次だけなんです、これ（一同　笑）。中身を配れって言ったら「次、配ります」と言うだけで配ってくれないんです。

さらに、ご承知の通り、「開国フォーラム、平成の開国と私達の暮らし」ということで、全国で2月26日を皮切りに、今のところ、9カ所でやる予定になっているんですね。ええ、ご指摘の通り、内閣官房で。

水島　キャンペーンですね。

長尾　ええ、どうなるのか、要は、何なのか分からない。商品も見せてもらっていない、説明書も見せてもらっていない状態で、何で、これが書けるんだという所に、非常に、意図的なものを感じます。ですから、これは郵政の選挙の時に、やはり、大見出ししか見えない、読んでも、中見出しだけ、この先は読まないという方々だけをターゲットにですね、郵政選挙をやったのと同じ手法ですよね。

水島　うん。似ていますね。

長尾　似ています。だから多分、私は根っ子は同じではないかなという気がします。これは実感するところです。

東谷　私はマスコミ内で生きている人間ですから、マスコミの人間と話すことが多いわけですが、背後にアメリカが控えている計画や改革を語る際には、突然、論調が変わってしまう人が結構多いんですね。つまり、アメリカが何か意図しているらしいと思うと、あぁ、これは長期的に見れば必ず実現するのだから、乗ってしまおうという話になりやすい。

この場にも賛成している方がいらっしゃるかもしれないから、差支えがあるかもしれないんですけど、例えば道州制という話題でも同じような反応が生まれている。マスコミだけではないんです。例えば、ゼネコンあたりの人達に取材して道州制に話題がいくと、道州制はおそらくアメリカが言ってきているから、よけいなことは言わずに乗ったほうが得だという人が多いのです。これは一例を挙げているだけですよ。

アメリカが言ってきているに違いないプランなら、これは必ず実現されてしまうだろうと予測して、それにそって行動したほうが得だという心の習慣が、かなりの範囲で根付いてしまっているということです。

親しい人達と話をしていても、アメリカが関わっている改革案ならば、多分、それは実現してしまうだろうし、日本に負担になったとしても必ずしもそれは自分達にとっては悪いことばかりじゃないんだから、賛成しておいたほうがいいと言う。この発想で議論する人は非常に多いですね。一見、素朴な反応であるかのようなんですが、先程、中野さんが、適切に指摘していたように、この発想とメンタリティこそ、戦後レジームそのものなんですね。

危惧されるファシズム的な体制

藤井　ちょっと申し訳ないですが、先程、郵政の話が出ましたね。私は、その時、反対をいたしましてね、その結果、自民党から追放される形になって、選挙を無所属で戦いました。まぁ、例の小泉ブームで、要するに、私共のほうは有無を言わせずに抵抗勢力、要するに、「古いタイプの政治家、藤井孝男」っていうレッテルを貼られる中で選挙をやりましたら、あえなく落選いたしました。私、7回連続当選していたんですが、8回目で初めて落選という苦い経験をいたしましたけれど、今、東谷さんが言われたように、とにかくアメリカがこっちだって言えば、それに乗ってしまう。あの時、大政翼賛会的な選挙になりましたけども、マスコミもそう、そしてまた、財界も同じ。私もよくオリックスの宮内さんと論戦をやりましたよ。個人的には親しかったですけどもね。

だけどももう、本当に私共が、日本の守るべきものを守らなければいけないと、いくら言っても、まったく一顧だにせずに、葬り去られたっていうのが実感です。あの当時、落選という、国会議員としては一番苦い経験をしました。長尾さんが言われたように、今、まったく同じような状況が醸成しつつあります。

それと、先程、水島さんが言われたソフト・ファシズムという言葉ですが、ソフト・ファシズムとは、どういうことなのか、私にはよく分かりませんけども、うっかりするとまさにファシズム的な体制がこのままいくと、あり得るのではないかと思っています。

それは、今度の名古屋市長選挙、あるいは愛知知事選挙、これは皆さん、ご意見が分かれるかもしれませんけど、大阪府の知事選挙。そして今度、都知事選挙がありますけど、何か「減税」という名において、首長が言い出すと、それを上回る公約なんて、もうないと思いますよ。「減税、減税」と言い、そして、議会までもリコールして解散させて、それも支持を得る。そして、今度は名古屋市議会議員選挙がありますが、これも、もし圧倒的な過半数を市長派が取ると、まさに、ワイマール憲法の時のように、本当に、ドイツでナチスのヒットラーが出てきたような状況に、非常に似てきている。

ですから、何か一方的に刺激的なことを言ったことによって、国民が、「ああ、そうだ、そうだ、それは、やっぱりTPPも当面、乗り遅れたら大変なことになるから、とりあえず、アメリカの言っていることを聞こう。同盟国なんだから」という、そういう短絡的な発想のもとに、こういうことが進んでいくと、結果的に、日本という国は、独立国家として、国家の主権はいったいどこにあるんだろうというところに行き着くんです。

我々の応援団長の石原都知事から、今、このままいくと、日本は、51番目のアメリカの州になるか、あるいは、中国のもう一つの五星紅旗の自治区になるか、どっちかを選ぶということになるぞ、こんなことは絶対に許してはならんということを、よく私共はお叱りを受けるんですけども、本当に先程もお話がありましたが、党派を超えて、この問題を真剣に取り組んでいかないと、大変なことになるんじゃないかという危機感を持っております。

山田　ちょっとよろしいですか？　それに関連することなんですが、藤井先生の言われることはよく分かるんですが、単なる、思想的なことだけじゃなくて、今、大企業って言いますか、出資金が10億円以上の企業の内部留保は史上最高だって言うんですよね。

新自由主義の裏に潜むもの

水島　そうですね。

山田　ところが、労働分配率は、下げているわけです。結局、どうなのかって言ったら、企業としては株価を維持しておきたい。そうじゃないと、いざという時に、どこから買収されるか？　合併を求められるか？　という心配があるから、もう戦々恐々としていて、自分の企業に自信が持てない。言うなれば、市場原理の世界に徹底して巻き込まれてしまったということなのかもしれないんですね。ここへ、いったい、どんな楔《くさび》を打って、おかしいぞというふうに言えるかどうかだと思うんですよ。民主党の菅さんは、なぜ、あんなふうに転換したのか。民主党の責任なのか、それとも、経済産業省なのか、それからアメリカを好適にしている外務省なのか、いったい何なのかっていうふうに思いますね。

水島　これについては、この間、放送した討論番組に出演された方が、新自由主義について話をしました。氷山に例えたんですけど、表に出ているのは新自由主義でやっているが、下のほうは、外国人地方参政権とか、夫婦別姓法案とか、いわゆる、社会主義なんです。民主党の事務局は大きな力を持っているということが、最近、知られてきたんですけども、事務局のほうはいわゆる、旧社会党の社会主義で、表に出ているのが、みんな新自由主義っていうか、よくグローバリズムとか言われるという感じだっていう二重構造の話が出ているんですね。

穀物自給率は国家安全保障の問題

関岡　よろしいですか？　そうですね、本当に、その通りだと思います。中野さんの言われたように、TPPの話とかつての構造改革、小泉・竹中路線っていうのは完全にリンクしていますし、それから、ファシズム的な状況というのはすごく面白いテーマですので、それをやりたいんですが、その前に、ちょっと、長尾先生の問題提起に戻りますとね、これは、TPPだけではなくて、『平成の開国』というスローガンそのものがまさに、構造改革をもう一回、リバイバルさせようという動きだと思います。

やはり、これに疑問を突きつけていかなければならない。TPPとなると、アメリカだけなんですけども、例えば、人の移動っていうのは、TTPに関係なく、移民を入れていこうという動きもあるわけですから、これは、私が言っている内なるリスク、すでに中国のヒト、モノ、カネが、日本の中に入ってきて、中からトロイの木馬化しているという、こういう状況に対して、門戸を開くという側面もあるわけですね。

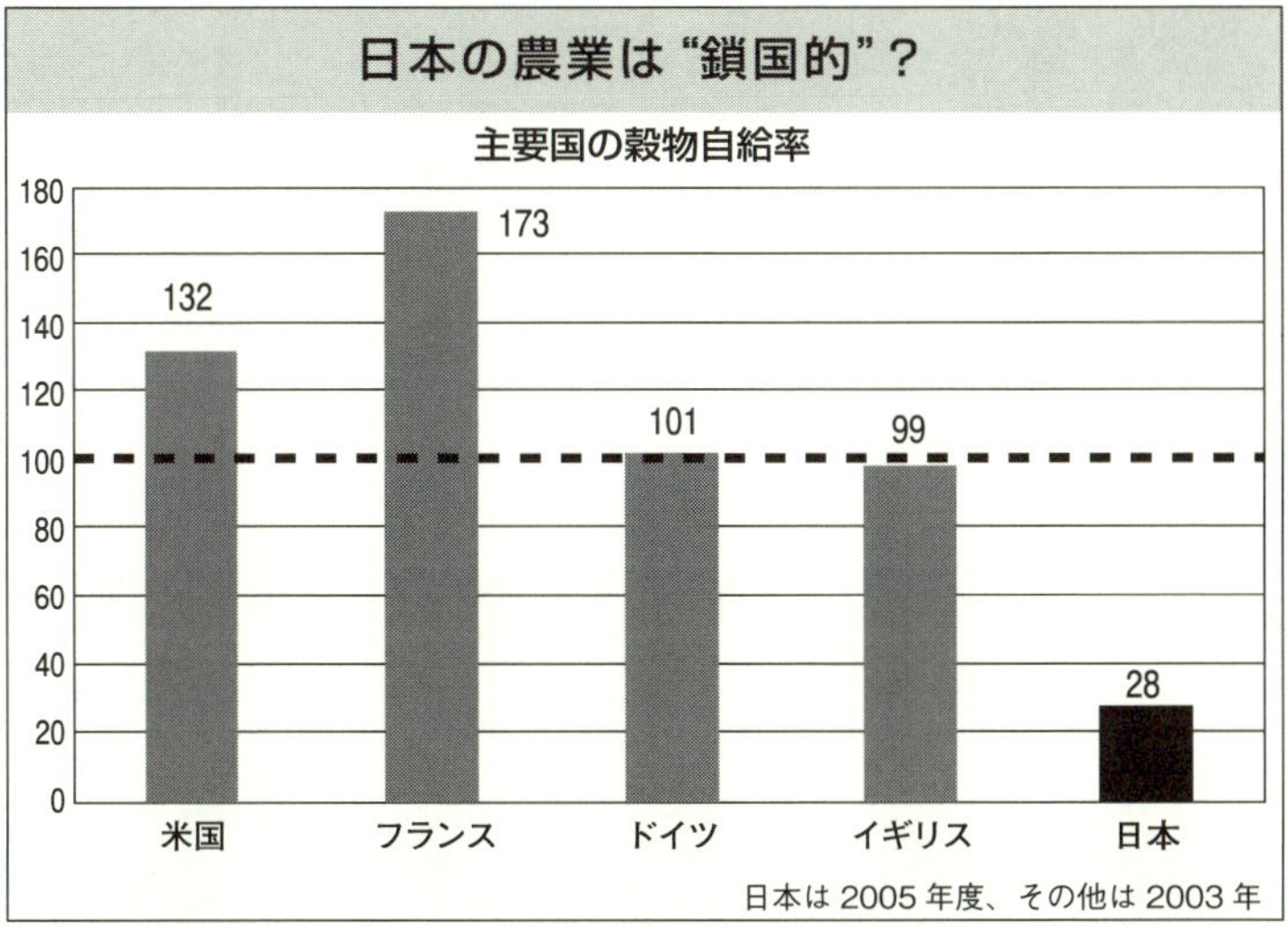

先程、言いそびれた3番目の誤謬を申し上げますと、じゃあ、日本は鎖国しているのかと言いたいですね。鎖国しているから開国って言っているんだろうと思いますけどね、例えば、農業一つとっても、日本ほど開国している国はないというのが、データに表されているんです。食糧自給率、カロリーベースで食糧総合で、日本は、自給率40％というふうに言われていますよね。もし、ＴＰＰで農産物の関税を完全に自由化してしまうと、それが14％に下がってしまうと言われています。

　ところが、私はこれを、穀物の問題だと思っているんです。穀物自給率というのを見てみますと（表・上）、ご覧いただけば分かる通り、ＯＥＣＤ（経済協力開発機構）加盟国の主要国は、ほとんど１００％需要を達成しているんですね。ま、アメリカやフランスといった農業国は、もちろんですけども、ドイツやイギリスという工業国でさえ、穀物に関してはほぼ自給率を達成しているんです。

ところが我が国では、食糧総合では自給率40％と言っていますけれども、穀物だけにすると、逆に28％に下がってしまう。こんな世界の大国なんていうのはないわけですね。このグラフを見れば、日本がいかに市場を開放してしまっているかが一目瞭然です。そして、主要国がなぜ、穀物自給率を維持しているかと言ったら、やっぱり穀物というのは常温で備蓄できますから、有事の時の戦略物資になるんですね。ですから、それは経済合理性というよりも、やはり国家安全保障の問題として、絶対に穀物の自給というのは、どんなに補助金をつぎ込んでも維持するという国民的なコンセンサスがあるわけですね。しかし、我が国には、それがないんです。

水島　ないですね。

米以外の穀物はアメリカに全面的に依存

関岡　日本の米の自給率が今、95％で、ミニマム・アクセスの分が5％強制的に入れられていますから、まぁ、それでも95％の自給率を達成しているのに、なぜ、穀物に総合すると、

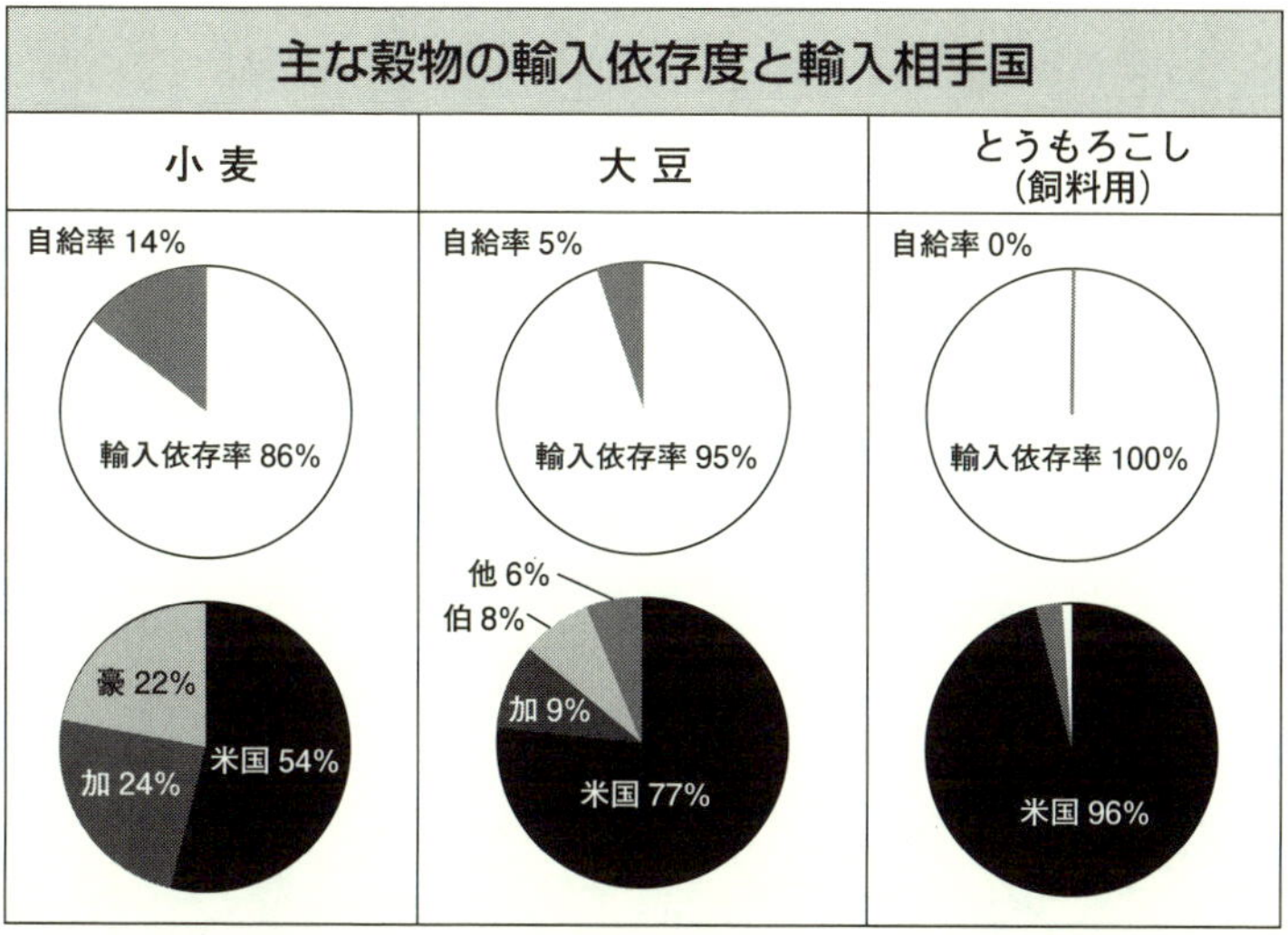

28%に下がってしまうかっていうことなんです。

要するに米以外の穀物の自給率が、惨憺たる状況なわけですね。小麦は、パンとか麺類とかの原料ですけれども、今、自給率は14%しかないわけですね。それから日本人の味覚に必要不可欠な醤油や味噌の原料である大豆に至っては、５%と。

それから畜産の飼料用のとうもろこしに至っては、自給率０%です。いったいどこの国に依存しているかって言うと、これはもうほとんど、小麦の過半数、それから大豆は、だいたい４分の３、飼料用のとうもろこしに至っては、ほぼ１００%アメリカから買わされているんです(表・上)。

ですから日本ほど、農産物市場を開放してしまって、アメリカの穀物農家を儲けさせている国はないわけです。それに対して、主要先進国は全て穀物に関して自国優先、国産品を断固死守しているという違いがあるんですが、マスコミでこういったことをなぜ、報じないのでしょうか?

例えば農林水産省の食糧自給表を見れば、簡単に手に入るデータにもかかわらず、新聞にもテレビにも、こういった数字が出てこないっていうのは、やはり情報操作だろうと思います。

中野　あのう、関連してですね、今、関岡先生が言われた、穀物というものが、安全保障の問題としていかに重要かということを申し上げたいと思います。、TPPに関して、農業があまりにも叩かれてきました。そこで私は、いろいろとみなさんとディスカッションして、農業の勉強も始めました。

そういう意味では、山田先生の前では、恥ずかしいんですけれども、私が勉強したことで言いますと、食糧、特に穀物の輸出国っていうのは、まず、自国で食わせて余った余剰分を調整弁として外に輸出します。この点が石油との決定的な違いです。石油も、石油危機とかで戦略物質として、皆さん、センシティブだと思っていますが、実は、中東は国内での石油消費が、そんなに多くなくて、ほとんど、海外に輸出しているんですね。その海外への輸出で経済がもっているので、買う側の国のポジションが強いんですよ。買う側が輸入してくれないと、自国の経済が成り立ちませんから。

ところが農産品の場合は、調整弁として輸出していて、もし不作の場合は、自国を食わせるのを優先するので輸出はしない。したがって、農産品、穀物というのは、天候によってすごく変動があるんですが、かてて加えて調整弁なので、もっと変動が大きい。したがって、穀物の国際先物市場っていうのが発達した。リスクヘッジのためですね。今の関岡先生のグラフにあったように、日本はアメリカの調整弁にほぼ依存をしているということなんですね。しかも、亡くなられた中川昭一先生が何度も警告を発したように、世界的な水不足。アメリカでも、コーン・ベルトと言われる中西部の地下水の水位がどんどん下がっている。仮に、アメリカで穀物が不足すれば、必ず輸出でなくて、国内をまず食わせるのが当然のことなので、食糧価格は高騰するということですね。

実際に、そういった例があったんですよ。1973年のニクソン政権の時に大豆を禁輸しました。そういうことが実際にあったんですね。だから、杞憂だと言っていられない。

この前のエジプトの政変も、ムバラク大統領は親米政権だったんですけど、輸入している小麦の価格が上がって、国内で反乱が起きて、政権が倒れかけた。そうなると、親米政権といったって、アメリカはすぐに見捨ててしまいましたよね。ムバラク大統領が、『むばらく待ってくれっ』と言ったって、誰も待ってくれない（笑）。こういうような状況ですので、東谷さんが批判されたように、今も、アメリカについていけば、何とかなるだろうっていう考えの人達は、もう、何とかならないっていうことを理解する必要があると思いますね。

自国優先は当たり前！

三橋　いいですか、今、エジプトの話をされていましたが、その前にチュニジアの政変がありましたよね。チュニジアもエジプトも同じですが、穀物をロシアから買っていました。それで、確か、エジプトは、ロシアの小麦の最大の輸入国だったんですけど、ロシアが天候不順で、小麦の輸出を禁止して、アラブ諸国で穀物価格が跳ね上がったんですね。チュニジアとかエジプトとか、中東・北アフリカ諸国では、結果的にああいうことになったわけです。ですから、実際、別にアメリカであろうが、ロシアだろうが、中野先生が言われたように、まずは自国優先ですよ。当たり前の話ですが。

中野　当たり前ですよ。

三橋　平気で止めますからね。その結果、チュニジアとかエジプトとかの状況が発生するんだよっていうのを理解した上で、ＴＰＰって言うのならいいんですけどね。

中野　それで政権が倒れるならいいかもしれない（一同　笑）。

結局、日本の外交力のバックって、いったい何があるんでしょうか。軍事力があるわけではないし、今、食糧の自給率だって非常に低い。穀物に至っては圧倒的で9割以上を外国に依存している。

そして、自給できるエネルギーも、もうほとんどない。いったい日本は、どうやって、独立国家として守っていくんだというところまで来ているのに、相も変わらず、またTPPの話です。

これは大事な問題ですから、今日は、取り上げていますけど、本当は、TPPなんてことよりも、今、北アフリカでクーデターが起きて、政権が倒れているように、世界は今、非常に厳しい時代になっているということを真剣に考えなきゃいけない時のはずなんですね。それなのに財界もマスコミも含めて、みんながTPPだ、TPPだと騒いでいること自体、私は、この国の主権っていうものがもう本当におかしくなっているんじゃないかっていう思いですね。

第2章
TPPは農業のみならず主権国家の誇りさえ危うくする

まず参加ありきの考え

水島 この時間は、TPP問題を含めまして、もう一つ詰めていきたいと思います。個々の問題も含めましてね。先程、長尾さんが、民主党の……。

長尾 内閣官房ですね。

水島 内閣官房が出したスローガンだけ、中身がなんだか分からないまま、開国、開国って言っている感じで、ところで、本当にまだ説明がないんですか?

長尾 出ていないですね。次に、中身、いや、もう、みんな笑いましたよ。目次だけなんで(一同 笑)。

長尾 これは内閣官房の資料ですね。

藤井 私、昨日、実は、その内閣官房じゃないけど、役人の方と、これはぜひ、参加すべきだという話だったので行ってみたら、すごく簡単な話だったんです。

他の国はどんどん、FTAなどを妥結して、みんな基準を作って進めているのに、日本は、このTPPに参加するかしないかで躊躇すること自体が間違いだと、とにかく参加すると表明して、参加してから条件が合わなけりゃ毅然としてやめればいいじゃないかという、そういう論調の一本やりなんですよ。

このこと自体が、いったい何なんだと。まさに、郵政の時と同じですよ。とにかく、まず民営化しろと、したことによって、それで何かあれば、そこから考えりゃいいじゃないかっていう論調です。

東谷　それは、今の若手のエコノミストや経済学者の人達も同じことを言うんですね。まずTPPに入れと。そこには市場原理が働くから絶対に間違いない。それから文句言う人達にお金を渡して黙らせようというわけです。

これは実は、今のTPP以前に郵政民営化の時にも、高橋洋一という竹中平蔵のブレーンが、書いて配ったペーパーと同じです。まず、郵政を民営化するというのは、経済学的には問題なしに正しい。それからいろいろと文句を言ってくるだろうから、それから世論を動かして、説得すればいい。彼らはこういう考え方で世論を動かし、そして関係者を黙らすという段取りで進めたがるんです。

三橋　民営化もそうですけど、規制緩和も自由貿易も、その目的は供給能力を増やすことじゃないですか。例えば、不採算な国営企業を民営化して供給を伸ばします、とか自由貿易までを含め、まさしく、インフレ対策です。だから、需要が不足しているデフレの時に、供給をがばっと増やすと事態はますます悪化するじゃないですか。実際、その郵政民営化とか、あと、小泉さんがやったタクシーの規制緩和。あれで供給能力がだぁ～っと増えてしまって、大混乱に陥ったんですね。

デフレ時にインフレ対策？

中野　ちょうど、その点に関して、こういう表を用意してまいりました。小さくて恐縮なんですけど、インフレとデフレとは対策が逆だという表でございます（表・左）。

インフレっていうのは需要が多すぎて供給が少ない。デフレというのは逆に需要が少なくて供給が大きい。インフレ及びデフレというのは、この状態が続くことですので、当然、対策は、インフレとデフレでは真逆になるはずです。

インフレの場合は、財政健全化を目指して、政府支出をカットしてもいいですし、増税してもいいし、小さな政府でもいい。なぜなら、政府の公需が大きすぎるので、インフレだということで、ここを小さくする。金融は引き締める。一方、供給不足なので供給力を強くする、さらに生産性の向上ということで、規制緩和、競争促進、非効率部門の淘汰ということをやるわけですね。

こういった観点から、これを国際的なレベルで供給力を強化する、価格を下げていくことが貿易自由化っていうことですね。

	インフレ 70～80年代の英米	**デフレ** 世界恐慌、平成不況、現在
原因	需要＞供給	需要＜供給
対策の方向	需要抑制・供給拡大	需要刺激・供給抑制
具体的な政策	**財政健全化** 政府支出カット 増税 行政改革、民営化 「小さな政府」へ	**積極財政** 公共投資 投資減税（ただし法人税減税は無意味） 公的雇用の拡大 「大きな政府」へ
	金融引き締め	金融緩和
	生産性の向上 規制緩和 競争促進 非効率部門の淘汰 労働市場の自由化	雇用の確保 企業の合併・統合 ワーク・ライフ・バランス 社会的規制の強化 労働者保護
	イノベーションの重視	社会の安定の重視
	貿易自由化	**貿易管理（保護主義も可）**
事例	サッチャーリズム レーガノミックス （構造改革は、本来インフレ対策）	高橋財政 ニューディール政策 小渕政権・麻生政権の財政出動

デフレは原因が逆なので、対策も逆になるはずです。したがいまして、政府支出を今カットするのではなくて、積極財政でよい。投資減税をやる。それから公務員は減らすのではなくて増やす。大きな政府にする。とにかく需要を増やすということでよい。インフレの時は、金融を引き締めましたが、デフレは金融緩和です。それから供給面としては、生産性の向上っていうのは、常にいいことではなくて、デフレの時は、供給を増やしてしまうと、需給ギャップが広がるのでやってはいけない。したがってデフレの時は、雇用の確保ということが第一になってきます。

　このため、オバマ大統領も、雇用、雇用、雇用と。彼にとって、ＴＰＰは貿易自由化じゃないんですよ。彼にとってＴＰＰは、雇用の確保なので、彼の論理は正しいんですが、デフレは雇用の確保ということになります。

そうすると、供給力を下げるということなので、競争をあまりしないってことになるので、自然体でもそうですが、企業というのは大きくなる傾向があります。合併、統合、整理、合理化、設備投資の廃棄、それから、よく言われるワーク・ライフ・バランス、これも競争しないで、みんなで雇用を確保しようということ。それから、社会的規制は強化される方向ですし、労働市場は、柔軟にしたり、自由化したりするのではなくて、保護する方向になる。これでいくと、貿易の管理、場合によっては、保護主義も可という対策になります。

事例を挙げますと、インフレの時は、まさに、サッチャーリズム、レーガノミックス。サッチャー、レーガンというのは、当時の70年代から80年代初頭の英米がひどいインフレに悩んでいたので、小さな政府路線をやったということでございます。構造改革は、サッチャー、レーガンを見本としてやったんだとしたら、それは、インフレ対策をやっていたんです。

構造改革が始まった頃というのは、資産価格がいきなり半減するというバブル崩壊の時だったので、デフレを気をつけなきゃいけなかった。その時、サッチャー、レーガンのインフレ対策を見本にして、やったので、日本が本当にデフレになってしまった。戦後、デフレなんていうのは、日本以外の国では起きなかった。

デフレの事例は、高橋財政。それからルーズベルトのニューディール政策。日本で言うと、小渕政権の時の小渕総理が平成の借金王でしたっけ、と、自分のことを茶化しながらやったんですが、あれは正しい。それから麻生政権の財政出動も正しくて、小渕政権、麻生政権の時は、税収も増えて、財政収支も改善していました。ただ、小渕先生は途中で亡くなられ、麻生政権は途中で政権交代になってしまったので、それが続かなかったということです。

これはインフレ、デフレっていうものに対する政策が逆だってことを理解しないといけないんですが、まさに、先程から構造改革とＴＰＰは、根が一緒だっていうのは、両方ともインフレ対策なんですよね、インフレ対策をデフレの時にやっているということだと思います。

水島　非常に明快ですね。

ＴＰＰは日本のデフレをさらに悪化させる

三橋　貿易の自由化というのはなぜ必要かと言うと、物の供給が少なくて、みんなが困っていて、十分な消費ができない時に、各国が比較優位製品に特化して、輸出し合うことで、全体の消費量を高めることができるわけですよ。これをデフレの時にやって、どうなるのって、話なんですよね。要は、私達みんな、消費できなくて困ってませんもの。物不足で困っているわけでもないですよ。そこへＴＰＰを持ってきたら、物が増えますよ、価格が下がりますよ、農産物の価格も当然下がりますけど……。

水島　他の製品もすごいですね。

三橋　他の製品も下がるでしょうね。そして、いろんな所に波及して、間違いなく日本のデフレの条件が悪化しますよ。

中野　付け加えて言いますと、その経済学の理論では、自由貿易はアダム・スミス以来、正しいってことになっていて、自由貿易、自由貿易と言って、経済学者の中には、ＴＰＰに賛成する人も多いんですが、もし、経済学を真面目に勉強していると、実は、ＴＰＰに反対すべきところが多々あるんです。

二つくらい例を挙げておきます。一つはですね、教科書上、自由貿易の理論っていうのは、例えば、リカードの定理とか、ヘクシャー・オリーンの定理とか、いろいろ、訳の分からないことを言っていますが、要は、自分の得意な財に特化する。特化すると、比較優位ってことで、全体の資源配分が効率化して、例えば日米貿易は、日本もアメリカも消費者の厚生が上がるっていう理論なんですよ。だから自由貿易は互恵的でよい、だから自由貿易協定はオーケーってことになりがちなんです。

しかし、経済学の教科書をよく見てみると、この比較優位が成り立つためには、前提条件がいくつもあって、その内の一つが、両国で完全雇用、つまり、失業者がいない状態の場合は、うまくいくとなっているんです。しかし、今は、日米共に、完全雇用どころか失業者がいる。それどころかですよ、オバマはTPPで雇用を増やすと言っているんですよ。完全雇用だったら、雇用を増やす必要はないわけですから。

もし誠意ある経済学者であれば、「オバマは何を言っているんだ、完全雇用じゃない時は、自由貿易が成り立たないということを知らないのか。貿易をやって雇用を増やすっていうのは、経済学上は、近隣窮乏化策と言って、人の国の雇用を輸出で奪い取って自分の雇用を増やすっていうことだ」と指摘すべきでしょう。

経済学者っていうのは、貿易などの関係で両国が共にハッピーになることをいいと言っているんですが、オバマが言っていることって、相手を不幸にして、自分が得することですよね。こういうことを言ってることが、おかしいっていうのが、まず一つ。

もう一つは、TPPに反対する経済学者はだんだん出てきているんですけど、私はそちらのほうが誠意があるなぁと思うんですが、自由な市場がうまく機能する条件っていうのがいくつもあるんです。

例えば、日米貿易の場合は、アメリカがドル安を志向しているし、為替相場は、現実の日米の経済力とか実体を反映しないで動いていますよ。これだと、自由貿易をやっても、うまく市場メカニズムが働かないんですよ。加えて、アメリカは農業に補助金を出していて、輸出補助金まで出しているのでフェアじゃないんですね。この補助金の問題と為替の問題を考えると、関税だけ取っ払っても、資源配分は適切にならない。為替の相場はもうどうにもならないし、アメリカに補助金を削減しろと言っても政治的に無理ならば、次善の策として関税で調整するって考え方もあり得るんですね。

したがって、経済学をちゃんと勉強した誠意ある経済学者は、TPPを見て、「こんなものは、自由貿易じゃないんだ」と言って批判しなきゃいけないのに、TPPに賛成している経済学者っていうのは、経済学についても誠実ではないインチキ野郎だってことです。

『多様な農業の共存』はどこに行った？

山田　結局ですね、今の中野先生のお話にもあるけれど、その際、どうしても、乗り越えられない国境とか民族とかっていうものがあるじゃないですか。例えば、農業なんか、その典型でして、国境や民族を抜きにしてはやれない。それから国土の形成の実態っていうのは、まったく違いますよ（表・左）。

この典型で言うならば、平均降水量。これなど日本は、圧倒的に大きいわけですからね。こういう条件を見ながら、今、言われたような自由な貿易の世界に、どんなふうに太刀打ち

諸外国との国土条件の比較

我が国の国土条件は、土地利用型の農業にとって大きな制約を与えている

	日本	アメリカ	カナダ	オーストラリア	EU-27
耕地及び永年作物地面積（万 ha）	463	17,320	5,215	4,453	12,079
国土面積対比（%）	12.3	17.6	5.2	5.8	27.9
農家（農場）数（万戸）	252	220	23	14	1,370
平均経営面積（ha/戸）	1.8	78.7	226.7	318.1	8.8
国民1人当たりの耕地及び永年作物地面積（ha/人）	0.04	0.56	1.57	2.11	0.24
平均降水量（mm/年）	1,690	715	537	534	600〜1,200

※日本とアメリカは2008年、カナダ・オーストラリア・EU-27は2007年の数値。
ただし農家（農場）数は、カナダは2006年、オーストラリアは2007〜08年の数値。
出典：農林水産省大臣官房国際部国際政策課資料、国土交通省『平成21年度国土交通白書』

できるかって言ったら、それはとうてい駄目なわけです。

結局、先程も、関岡先生が言われていますけれど、我が国は圧倒的に農産物の輸入を少数の国に依存しているわけですね（表・次頁）。

先日、ヨーロッパに行ってきたんです。正月明けに4日間くらい、行ってきました。その際、ヨーロッパの政府も農業団体も、「日本は、TPPに入るんだって、何か協議しているんだって」と言って、「このことは、ヨーロッパの自由貿易を志向している経済学者や政治家に影響を与えています」って大変心配していました。これが一つね。

それから二つ目は、「6月までに参加を判断する、ないしは、6月までに農業政策を作ると言っているんですってね。いったい、そんなこ

我が国は農産物の輸入を少数の国に大きく依存

我が国の農産物輸入額のうち、先進国の農産物輸出国である米国、豪州、カナダ３カ国のシェアは 43%。

さらに、中国とタイを含む上位５カ国のシェアは全体の 60%。

⇒　農産物輸入について、特定国への過剰な依存は、我が国の食料安全保障にとって悪影響。

我が国の農産物輸入額
シェア上位10カ国（%、2009 年）

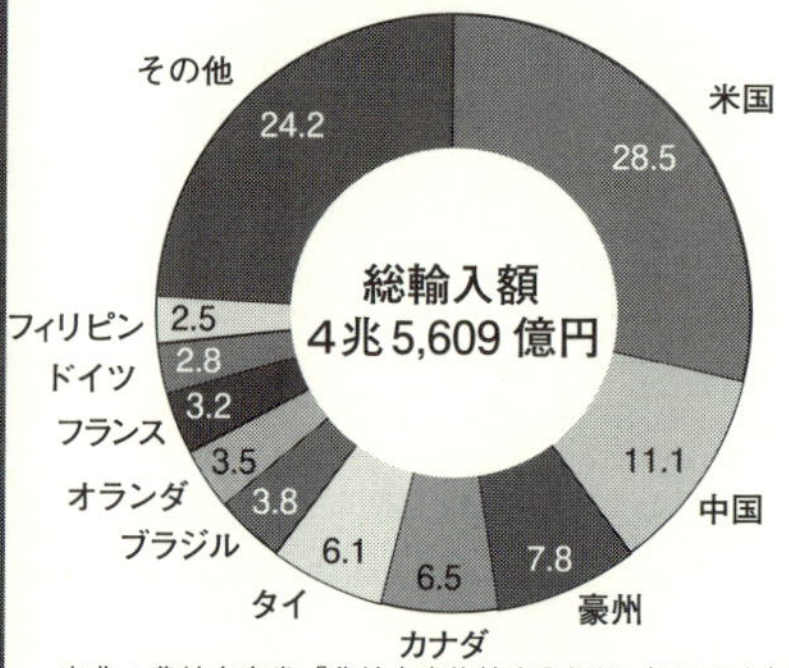

出典：農林水産省「農林水産物輸出入概況（2009 年）」

とができるんですか？　もっと慎重にやらなきゃいけないんじゃないですか」って言っているんです。裏側で言っている言葉は、「馬鹿じゃないの」（一同　笑）これと同じですよ。

それと、もう一つは、これは自民党政権の時もそうだったし、その時野党だった民主党も同じ主張だったんですけれども、「各国の多様な農業の共存」ということを、ずーっと、一緒に言い続けてきたんです。ヨーロッパの国々も、それからアフリカの国々も、アジアも日本も、みんな「多様な農業の共存」と言ってきました。

それに抵抗していた国がアメリカであり、それから、オーストラリアであり、ブラジルなんですよ。その抵抗していた主要な国、アメリカ、オーストラリアと、関税撤廃でやろうって言うんですから、「『多様な農業の共存』は、どこへすっ飛んで行ったんですか」「日本は、このままだと、どんな顔をしてジュネーブに来るんですか、ヨーロッパへ来るんですか」って言ってますよ、ええ。

フランスは農業改革に45年を費やした

東谷　今、すごく重要なことを山田さんが言われたんですが、先程、中野さんが、経済学者が振り回す「比較優位」とか、自由貿易の理論についてお話になっていました。それは、農業の場合、特に適用がものすごく難しいんですよね。

中野　ああ、そうですよ。

東谷　なぜかと言うと、農地を容易に大きくしたり小さくしたりできないからです。農産物が国際市場でどんどん売れたから、じゃあ土地を大きくして輸出をもっと増やそうかと言ったって、農地は必ず限定されてしまいます。

逆に、農産物が「比較優位」で見た場合、日本では輸出品にはならないというので農地をいったん潰してしまうと、状況が変わって農産物が輸出品として「比較優位」になっても農地はすぐに復活できない。そういう柔軟性がほとんどないんですね。柔軟性のない生産要素が必要な生産物は「比較優位」の理論においてすら、理論においてすらですよ、ほとんど成り立たないと言われています。
それから、もう一つ。言っておきたいのは、菅首相は6月までに閣議決定をやると言っているわけですけど、海外との交渉の際に、自分から期限を決めて交渉をするというのは馬鹿ですよね（笑）。

長尾 実際ね、こちらの手の内を全部、教えているようなものですよね。

中野 それが、国を開くということですよね。

長尾 いや、本当に。

東谷 いまヨーロッパであきれられたというお話がありましたが、当たり前だと思うんですね。今、農地の1農家あたりの耕地面積を増やせば生産性が上がると言うので、いろいろ議論があって、私には部分的に納得できることもあります。
しかし、例えば、フランスでは1農場あたり17ヘクタールから、52ヘクタールまで伸びたので、生産性が飛躍的に伸びたといわれています。フランスの農業改革は素晴らしい。だから、日本でもやろうと言ってますが、では、フランスは17ヘクタールから52ヘクタールまで増やすのに何年かかったと思いますか。45年かかっているんですよ。農業の改革といわれるものは、そういうものなんです。
それを今の農業改革論というのは、まるで数年でできるような話をしているんです。ですから、ヨーロッパの人達が、こいつら馬鹿じゃないかっていうのは当然だと思いますね。

まず手の内を明かしてしまう日本の外交交渉

藤井　今、山田さんや東谷さんが言われたことは、要するに、前の鳩山総理も就任した途端に国連へ行って、CO_2削減25％を宣言しちゃって。確か、２００９年ですから、２年前ですか？

世界中みんな、これに拍手しましたよ。わぁ、日本は思い切って、環境問題に政治的に取り組むんだなぁって、だけど、実際は聞いてみると、後ろに回って舌出してましたよ。

この国の総理大臣は、率先して環境問題を取り上げると言ったけれども、これから賛成していない発展途上国や、また参加していないアメリカを相手にいろいろな外交交渉があるでしょう。

環境問題や、仕事での売買とか、契約とか、いろいろなことが起きて、したたかな交渉をこれからやろうっていう時に、まず自分からぽーんと曝《さら》け出して、それで、交渉しろっていうことです。

やはり、外交交渉っていうのは、向こうが1枚脱いだなってなると、こっちも1枚脱ぐかっていうようなことだと思うんですよ。日本の着物、例えば十二単と同じなんだと、まぁ、やっぱり1枚ずつ向こうが脱いだから、こっちも脱いでいこうかっていうのが外交であり、それが交渉になるのに、最初からズボンも脱いじゃってね（一同　笑）、曝け出して、はい、私共は誠実にやってまいりますなんて言ったら、ああ、それは素晴らしい、日本の政府を理解するよと言いながら、後ろでペロッと舌出している。これが、ＴＰＰへの参加も、あらゆる問題が、こういうふうにいくということ自体に、私は、本当に何度も言うようだけど、こんなことをやっていたら絶対に駄目だと、交渉にも何もなりませんよっていうことを、まぁぜひ、言っておきたいと思っています。

外国の意思が国内の意見として形成されている？

東谷　ちょっとだけ付け加えたいんですけど、先程、ソフト・ファシズムってありました。言いたくなるお気持ちは分かるんですが、ファシズムというのは自国内から始まるんじゃないですか？　それが、外国から圧力をかけられてファシズムをやっている国なんて、どこにもありませんよね（一同　笑）。

長尾　いやね、今の話は主体的じゃないですからね。

東谷　私は必ずしもファシズムを推奨しているわけじゃないですけど（笑）、外から言われてやっているファシズムなんて、しゃれにもなりませんよね。

三橋　自虐的ですよね。国を開きますとか、CO_2削減しますって、なんで、こっちから頭を下げなくちゃといけないの？　という話なので（一同、笑）。

水島　いやあ、それとね、もう一つ、実は、『Ｗ・ｉＬＬ』に書いたんだけど、やっぱり今の日本は、かつての李朝朝鮮半島化しているんじゃないかな。つまり、日本をアメリカが取るか、中国が取るかというふうに、現在の日本は、かつての李朝のように、混乱に混乱を重ねて空白地帯化している。

今、みんながやりたい放題でね。今や日本に、ちょっかい出し始めてるんじゃないかっていうね。

そんな中、菅さんは、まともな知識も思想もないまま、スローガンだけ挙げて、開国をやるんだぁ、何やるんだぁっていうような形で、小泉さんの真似してみたっていうかね。まぁ、これはアメリカへの卑屈な秋波でもあるんだろうけど、その感じがちょっと怖いところでね。

実は、私が心配しているのは、我々の今やっている議論に対して、マスメディアは外国の勢力とか、外国の情報機関の意志が入った形で、国内の意見なんだとして、密かに入ってきているんじゃないかということなんです。

この辺をマスメディアの動向で見ると、非常にそういう感じがするんですね。一つは、Kポップっていう韓国の音楽も実は韓国の国家ブランド委員会っていうのが電通とか、そういうところに委託する形で、組織的にインターネットからアクセスを増やしたり、テレビ局の番組で、徹底的で集中的な宣伝をやるんですね。実は、こういうことが日本ではもう可能になっている。

それから、もっと言えば、GHQの時も、米からパン屋のキャンペーン、米を食うと馬鹿になるというキャンペーンも、実は、半分、成功している。だから、決して我々が、日本人だから大丈夫だって言えるようなものじゃない。戦後の66年に関しては、そういうものの宣伝とか、いろんな外国の思惑の中でやってることが、結構、成功しているところもあるんじゃないかっていう心配がちょっとありましてね。

アメリカの穀物戦略で日本人の食生活が激変した

関岡　そうなんです。だから、外国のプロパガンダを、そうと自覚せずに、あたかも自分自身の価値観であるかのように、いつの間にか刷り込まれて、それで突っ走ってきたっていうのがね、やはり戦後レジームそのものじゃないかと思うんですね。

例えば、ＴＰＰは農業の問題だけじゃないということで、農業以外の話も出ると思うんで、先にちょっと農業について言いたいことを言ってしまうとですね、先程、穀物の自給率がすごく下がってしまって、それは小麦とか、大豆とか、それから、とうもろこしだということなんですけれども、じゃあ、なぜ、そうなったかっていうことなんですよね。

これは、昭和13年、１９３８年ですから、北支事変の翌年、つまり戦前と平成になってからの日本人の食生活を比較してみたものなんですね（表・次頁）。なんとなく、食の洋風化と言うと、我々、明治維新の時とか、牛鍋を食べるようになったとか、それくらいから始まったと思いがちなんですけど、実は戦前までは、我々は米とか芋、それから野菜や雑穀中心の弥生時代以来の食生活を昭和初期までは守っていたわけですよ。

当然、その頃は、食糧１００％自給していたわけです。動物性たんぱく質は主として魚介類から摂ってたわけですけれども、日本人が米を食べなくなってしまった、食生活が激変してしまったのは、わずか戦後の60年くらいのことなんですね。

60年っていうと、わずかワン・ジェネレーションに、こんなに食生活、食習慣が変わった民族っていうのは、世界の歴史上、果たして存在するのかっていうくらい、ドラスティックな変化ですね。何が変わったかと言うと、要するに、米のカロリー依存度が半分以下になってしまって、その分、増えたのが小麦、それから動物性たんぱく質です。それと油脂なんで

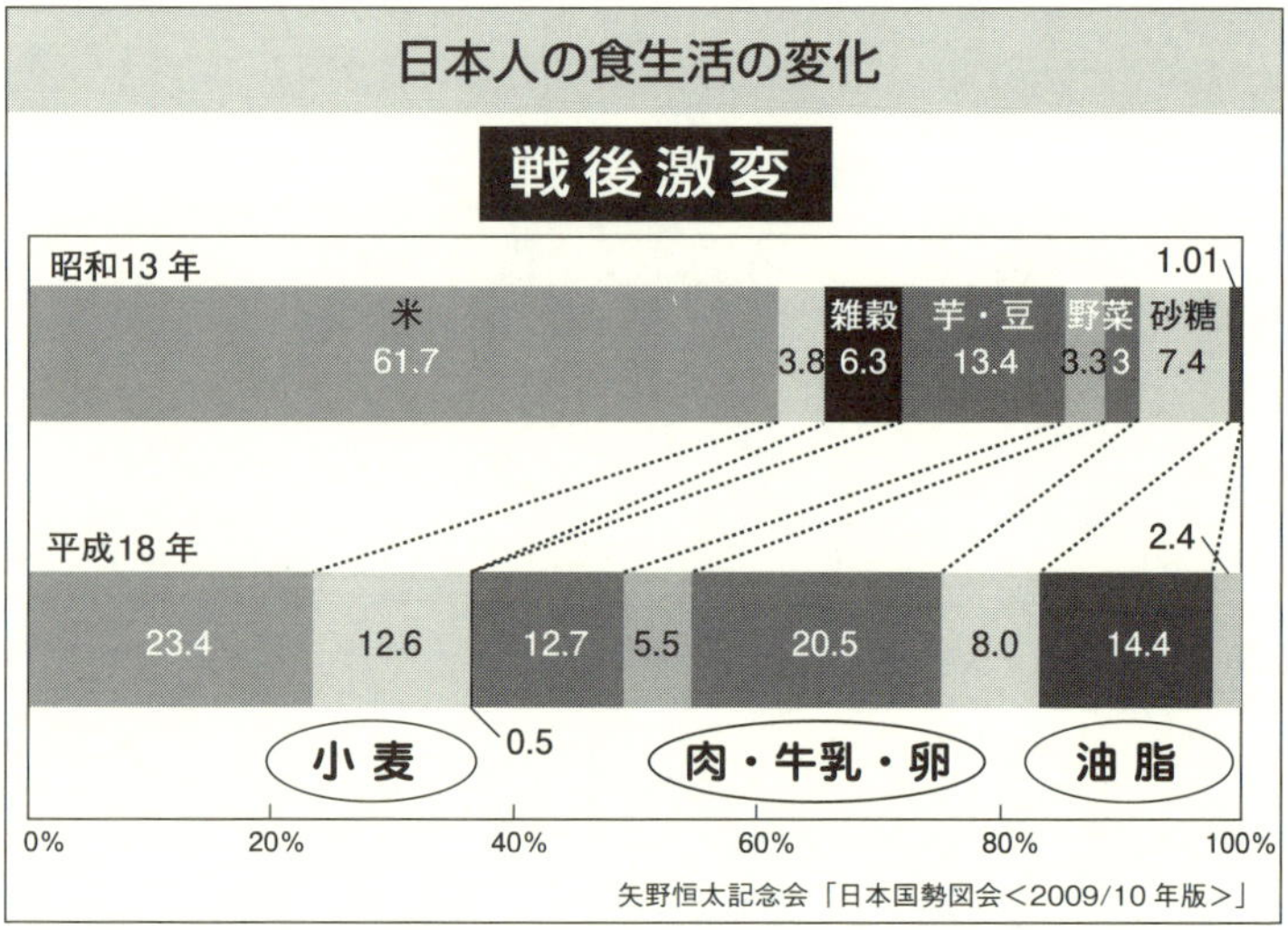

矢野恒太記念会「日本国勢図会＜2009/10年版＞」

すね。

つまり、これを洋風化と称しているわけですけれども、果たして、これが自然現象っていうか、何か神の摂理によって自然に起きたことかと言うと、当然、そうではないわけです。

それが先程、水島さんが言われた食生活に関するプロパガンダですね。米を食べると馬鹿になるって言っていたのは、慶応の医学部の林髞《たかし》という教授ですね。それが全国を講演して回ったりしていた。実は、それは政府が絡んでいたということですね。

まず子供の食生活、食習慣を変えようという形で、給食というものを使って始まった。日本で学校給食法が成立したのは、１９５４年なんですけども、同じ年に、アメリカでは余剰農作物処理法というのが成立しています。

ですから、アメリカであり余った小麦、これを原料としたパンとか脱脂粉乳を何とか海外市場で処分したいと考えていて、その時に目をつけられたのが戦後、復興期にあった日本だったのですね。

水島　そうですね。

アメリカの穀物戦略に秘められた事情

関岡　これが、アイゼンハワー政権の穀物戦略だったわけですよね。それを仕掛けた人が当然、存在するわけです。

つまり、ちょうど学校給食法ができた１９５４年の２年後に、オレゴン州の小麦栽培者連盟っていうのが、東京に進出してきて、先程言った、米を食べると馬鹿になるとか、アメリカの小麦輸出代金を使って日本国内で洋食普及キャンペーンっていうのをやってるんです。

例えば、キッチン・カーっていうライトバンの中に調理施設を積み込んだものがあって、それで、全国津々浦々の農村とか、団地を回って、小麦とか大豆、それから肉を使った料理のレシピを普及させる運動をやった。これ、実は厚生省がやっているわけです。その資金はＰＬ４８０というアメリカから出た資金でやっている。

当時の厚生省の栄養課長の大磯敏雄さんっていう人が、アメリカの資金を使ってやっていたとは誰も気がつかなかっただろう、プロパガンダというのは本来、誰にも気がつかれないうちにやるのがプロパガンダなんだっていうようなことを、定年退職後に取材を受けて言っているわけです。

なぜ、オレゴン州だったかと言うと、私はアメリカの地理に疎いので、ちょっと地図で調べてみたら、この日本に小麦や大豆を輸出することをアイゼンハワー政権に対して、ロビイングしていたのが、ワシントン州、オレゴン州、アイダホ州という太平洋岸の諸州だったんです。

これらの地域っていうのは、ロッキー山脈によってアメリカのコーン・ベルト地帯や小麦ベルト地帯と言われているアイオワ州とかカンザス州と地理的に隔絶していて、要するに、アメリカ国内の大消費地への地域間競争に、輸送コストの面で勝てないと(図・左)。だったら、船に乗せて日本に運んじまったほうが市場を獲得できるということで、まず小麦農家が非常に戦略的に動いて、合衆国政府、当時のアイゼンハワー政権を動かして日本に学校給食法を作らせ、そこで小麦粉を原料とするパンや脱脂粉乳、それから、やはり主食がパンとなれば、おかずが焼き魚ってわけにいきませんから、ハンバーグといった肉料理を食べさせた。

そういう形で、今度は、家畜の飼料であるとうもろこしも輸出できるっていう形で、実は

なぜオレゴンだったのか？

日本人の戦後60年間の食生活の激変っていうのは、別に自然現象でもないし、まして、何かの陰謀とか、そういうことではなく、明らかにアメリカの戦略と政策によってもたらされてきたものだということです。

アメリカに刷り込まれた日本人の食文化

問題は、果たして、日本人はそれを自覚しているのかということなんです。これは、主に、農作物の需要面についてですけど、じゃあ、供給面についても同じじゃないかと。我々は、まさに戦後レジームをもう一回、検証しなきゃいけない。

今、例えば、減反をやって生産調整をやっているにもかかわらず、米価が下がり続けてますね。それで、農業を大規模集約化しなくちゃいけないということで、いろいろな議論をやっています。

そもそも日本に、小農、零細農家がいっぱいできてしまったのは、GHQの政策、農地改革ですよね。当時は、まぁ、それが、農村における民主化だ、素晴らしいアメリカの民主主義をいただいたということで、地主を淘汰して、自作農になりました。

それが、ポジティブに捉えられていたんだけども、結果からすれば、日本の農家が非常に零細化、分断化されてしまって、アメリカの大規模経営に対してまったく競争力を失ってしまった。アメリカがそこまで意図して農地改革をやったとまでは言いませんけど、やはり、この供給面でも需要面でも、農業について、戦後レジームをもう一回、徹底的に検証しなきゃいけない。

それを6月まで、後5カ月でやるとかっていうのは、とうてい、無理な話であって、そういう歴史観もまったくないし、国家観もないように思います。

長尾　そのプログラムはしっかりしているなぁという印象ですね。

関岡　そうですね、敵ながら、あっぱれというか、これくらいのことをやらなければ……。

長尾　見せ方、刷り込ませ方から全て、悔しながら、学ぶべき点は多く、それこそ、関岡先生が言われたように、こういったことを日本人はむしろ喜んでいるという部分が問題ですよね。脱脂粉乳なんて、おそらく、当時、家畜も食べなかったようなものを、日本の子供達が……、まぁ、前の世代の方々は食べられたんですよね。

水島　私達は嫌々、食べさせられましたよ。食いものの恨みは恐ろしいって言いますよね。

主体性が感じられない日本外交

長尾　先程、藤井先生が言われたように、私は今、先生方のお話を伺いまして、やはり日本が主体的でないと認めざるを得ませんね。日本がどうするべきかという主体的な動きはまったくなく、むしろ、そのプログラムの中には、こう日本を締め上げれば、こう開国するよ、欲しい物を出してくれるよ、ということなんですよね。

実は、それを日本が一番知らなくて、周りは全部それを、よってたかって、今、突っついていっている。おそらく、これは、今も、昔も、外交というものはそういうものであると思います。

やはりオバマの雇用、雇用、雇用というのは、あくまでも、他国を自国の利益のために、どう利用しようかということ、いわば、言葉が過ぎるかもしれませんが、やはり、外交っていうのは、一種の謀略だというふうに思うんです。

ところが、今も昔も、日本は、いわば、友好、仲良くしましょうと、金庫の番号も教えて差し上げるということの上に、では、我が国がこれをしたいというようなことを交渉すれば、相手がきっと、こちら側に擦り寄ってきてくれるんだろうと思い込んでいて、まったく順序が逆ですよね。

中野　今の長尾先生と関岡先生の議論の傍証として、一つ、挙げたいと思います。現在も、それが行われているという例なんですけど。ちょっとまとめてまいりました（表・左）。字が小さくて恐縮ですが、日米半導体協定をやった時の通商代表、クレイトン・ヤイターっていうのが、農業ロビイストで、前回の経済討論の時に、東谷さんが……。

東谷　今、ヤイターがいろいろ、動き回っているんです。菅首相がＴＰＰへの参加を言いだしてから、彼はさかんに発言していますね。

例えば、２０１０年11月22日付の『ウォール・ストリート・ジャーナル』にウォーレン・マルヤマとの「岐路に立つ日本」という論文を寄稿して、日本はＴＰＰは受け入れるべきだと煽り、これまで日本が、アメリカとの自由貿易協定を受け入れていれば「牛肉問題でも郵政問題でも有意義な形で解決していただろう」と書いています。もちろん、この「有意義」というのはアメリカにとってですよ（笑）。

ヤイターは、日米経済摩擦たけなわの80年代に米通商代表部代表を務め、その後、ブッシュ

TPP参加の理由	ヤイターの見解 （産経新聞2010年12月）	菅首相の発言
若者の閉塞感の打破	約20年間経済的停滞を続ける日本が「**若い世代に将来の希望**を与えるため、世界経済にもっと積極的に深くかかわる必要がある」と指摘。	20世紀に入り、経済が停滞する中、日本では、**若者を含め、国民の気持ちが内向き**になっていることが懸念されています。この精神面と経済面での閉塞を打ち破っていく「開国」が必要です。（ダボス会議）
世界の潮流からの遅れ	日本が不参加となれば、「競争上不利な状況に立たされる」と警告。「来年のある時期までに、日本が決定できなければ、**列車（TPP交渉）は日本を残して走り出す**」と決断を促した。	今日、世界の多くの国々が「国を開き、次々と経済連携協定を結び、自由な貿易圏を形成しています。率直に言って、わが国は**この世界の潮流から取り残され**つつあります。（APEC）
TPPと農業改革	TPP交渉を**農業改革推進のメカニズム**として活用すべきだと提言。	しかし私は、貿易自由化か、農業の存続か、という二者択一の発想には立ちません。**経済連携の推進と農業の両立は可能**なのです。（ダボス会議）
農業改革の方向性	改革の方向性について、**農業従事者の世代交代を進めながら農地を集約**していくことで「規模の利益を獲得できる」と指摘。	同時に、現在農業に従事しておられる皆さんの平均年齢は65.8歳、約66歳になろうといたして おります。 ……農地法が、その後の時代変化の中で、**若い人が農業に自由に参画**する、あるいは……**一般法人が農業に乗り出すといったことにかなり制約**になっております。（APEC）
農業の輸出産業化	中間所得層の拡大が進むアジア諸国で日本の青果物が「**高い収益が得られる輸出品**となる」と予測し、「日本が農業輸出国になれない理由はない」と訴えた。	実は、日本の農業は生産額では世界4位なのです。**日本の食文化の魅力が世界に広がるとともに、日本の農業は、成長産業として再生**することができるのです。（ダボス会議）

（父親）政権の農務長官を歴任し、いまは多国籍の法律事務所ホーガン・ロヴェルズの上級顧問で、言ってみれば日本こじ開け屋ですね。

中野　その彼が産経新聞のインタビューに応えて、ＴＰＰ参加の理由を並べていたんですけど、彼が言っていることとって、我が国の首相の発言とそっくりでございまして、ＴＰＰ参加の理由について、菅首相は、若者を含め国民の気持ちが内向きになっているので、これを打破すると言っているんですけど、なぜか、アメリカの農業ロビイストも、日本の若者に将来の希望を与えたいと言ってくださっていてですね（笑）。

それからヤイターは、何かよく分からないんですけど、ＴＰＰに参加しないと世界の潮流から遅れるぞと言って、それを我が国の首相も言っている。

さらに、ＴＰＰを農業改革のメカニズムとすべきだとヤイターは言っていて、日本国首相も当然、そういうふうなことをいつも言っています。しかもヤイターは、農業改革の方向性として、「高齢化しているので世代交代を進めながら、農地を集約すべきだ」と言っているんですけど、菅首相は、若い人が、農業に自由に参画できるように、一般法人が農業に乗り出すようにと、農地法の改正みたいなことについても言及しています。

極めつけは、ヤイターは、農業の輸出産業化について、「日本は輸出産業化ができるんだから、自信を持て」みたいなことまで言っていて、首相もまったく同じことを言っていて、アメリカの農業ロビイストと、我が国の、一国の宰相が同じことを言っているって、これこそ、宰相不幸社会ってことです（一同　笑）。

国家政策の基盤は政治家の判断

山田　今のお話と関係して、本当に、この国家政策と言いますかね、国の作り方をどうするかということについての、政治家としての判断がものすごく大事だと思います。

私、先日、インドへ行きましてニューデリーのホテルに泊まりましたら、食事がバイキングなんです。最初に、小麦粉で作ったナン、そして、その次に豆類、大豆も含めていくつかの豆類がずっと並ぶんですね。それで、ぐるーっと回って一番最後の2皿、3皿のところで、ようやく、ハム、ソーセージなんかが出てくるんですよ。それで、お会いした環境・森林大臣に、こういうことを発見しましたと言ったら、いや、その通り、そうしてますって言うんです。

結局、たんぱく質は、肉からでなくて大豆から摂ればいいんですよと。そして、肉、つまり牧畜をやると飼料穀物が必要になります。それから、粗放的な運営になります。とりわけ森や山が、破壊されます。だから、我が国はきちっと自給率100％を確保するために、そういう政策で運営していますって言うんですよ。これは、去年の話ですよ、去年の話。これはすごいですね。

藤井　いや、山田さんね、この間、私、総理官邸でのインドの首相の晩餐会へ行ったんですけども、インドっていうのはね、かなりの人口、今、10億以上、13億……、パーセンテージは正確に分かりませんけど、かなりの部分が菜食主義者なんですよ。インドの首相もそうです。ですから、我々といたインドの高官も、いっさい、肉を食わない。

ええ、インドには、菜食主義者っていうのはものすごく多いそうですよ。だけど、インドは、これから多分、中国の人口を抜くと言われています。そうなってくると、やっぱり国家的なね、国内のそういったことも政策的、あるいは戦略的にやっていくという主体性があるっていうことです。

山田　うん、そうですね。

藤井　もう一つ、さっきから自虐的になりがちで、日本は主体性がないとか言い過ぎたんですが、だけど、それは日本って誇りある国家だし、そういう国民が存在していますから。

恐縮ながら私個人の経験をお話ししますと、40年ほど前、サラリーマンとしてアラビア石油という会社におりまして、要は、石油の資源がないってことで、アラビアで利権を取った会社なんですが、2年半ほど、その会社に在籍中、今は大変発展したカタールという国にいたんですよ。

私が赴任した時はまだイギリスから独立していなかったんですけども、その後、独立して今はもう世界の３本の指に入るほどの天然ガスの輸出国となっていて、サッカーのアジア大会もやるし、ワールド・カップも確か決まっているという話で、まぁ、発展しているんです。

それで、その国の人達とも未だにずっと付き合いがあるんですけども、彼らが、「日本の皆さん、絶対に間違わないで欲しいのは、日本は原爆を二つも落とされて、敗戦国になって、何もない状態の中、アジアの中で一番最初に先進国の仲間入りをして、戦争に負けた国でもそれらの国と伍してやってきていること。また、ある面では植民地を解放したという点もあることです」と。

彼らは「東南アジアの諸国に関して言えば、イギリスやフランス、そういった国々から解放したという貢献もありますよ。だから日本の皆さん方、日本国をぜひとも変えないでください。あなた達、日本を、我々は尊敬していますし、信頼しています」と言われる。「あなた達に対する我々の気持ちは変わらないですから、そういう意味の日本人の誇りというものをしっかり持ち続けてください。今、エジプトでもチュニジアでもいろんなことが起きていますけど、日本に対するアフリカ諸国も中近東諸国も、あるいは東南アジア諸国も、今、中国が上がってきているから、我々は中国とも仲良くやりますが、本当は日本という国にもっともっと、主体性を持ってもらいたい、と思っているんです。我々は、そういう評価をしていますから、ぜひ頑張ってもらいたい」と言われたことがございました。

水島 それは本当にそうですね。アジアへ行くと言われるようなことがまだ残っていますよね。

藤井 残っています。ぜひ、それを全面的に押し出してやっていかなきゃいけないと思いますね。

長尾 それだけに、先方は残念な気持ちでいらっしゃるかもしれませんね。

アメリカの本音を日本のマスコミはなぜ報道しない

三橋 いいですか？ 先程、アメリカのビジネスが話題になりました。プロパガンダっていうよりは、そういう普通のビジネスの話をされていますが、今回のＴＰＰは、中野さんも言われたように、別にアメリカは、やりたいことを隠していないんですよ。

何が言いたいかと言うと、オバマさんは、一般教書演説で、ＴＰＰとかの目的を堂々と言っているわけですよね。ちなみに、一般教書演説の中で、Ｊｏｂｓ、Ｊｏｂｓつまり、雇用という言葉を何回使ったでしょうか。30回以上です（一同 うわぁ〜）。

これは史上最多じゃないかと思うんですが（一同 あぁ〜）、ところが、オバマ大統領の演説をまさにアメリカとTPPをやろうとしている時に、日本の報道機関は、これをまともに報道しないんですよ。

ちょっとカットされた部分とか、日本のマスコミにいっさい、出なかった部分を二つだけ紹介します。一つ目は、「過去2年間、我々は21世紀の再建作業を開始した。本事業は衰退した建設産業に数千もの仕事を与えることを意味する」と、オバマさんが言っているわけですよ（一同　笑）。「今夜、私はこうした努力を倍増させることを提案する。壊れかけた道路や橋を修復する仕事に、さらに多くのアメリカ人を充てるようにする。そのための給料が支払われることを確実化して、民間投資を誘致して、政治家のためではなく、経済にとって最適な事業を選択する」と、まぁ公共事業を増やしますと、言っているわけですね。これは日本でいっさい、マスコミに出ませんでした。

水島　出なかったですね。

三橋　出なかったです。

中野　ひでぇ～。

三橋　二つ目、これもすごくて、「輸出企業を支援するために、我々は２０１４年までに、輸出を倍増する目標を掲げた」と言われている。これは２０１０年の1月の一般教書演説で掲げたんですね。

5年間で倍増するんだと。その後、輸出を増やすことで雇用を創出できると言っているんですが、最後に、こう言ってます。「私は、大統領に就任する以前から、貿易協定を強化すべきとの考えを明確にしていた。そして、私が署名する貿易協定は、米国人の労働者を守り、米国人の雇用創出に繋がるものに限る」と言っているわけですよ。ここまで、明確にTPPの目的を言ってくれているのに、日本のマスコミはなぜ、報道しないんですかね。ここの部分はいっさい、出ませんでした。

水島　すごく大事なことですよ。

三橋　極めて大事なことです。

中野　しかも、その文脈でもう一つ、同じ文章のところで、もう一つ言っていて、韓国ともFTAをやったと、パナマと何とかもやっていると、韓国とは7万人雇用を生んだぞと勝ち誇ってるわけですね。

その中で、面白いことを言っているんです。インドと中国との合意にも署名したので、それが合衆国の25万人以上の雇用を支えるだろうと言っているんですね。つまり、もう中国との合意はすでにあるんですよ。だから、TPPで中国包囲網とか何か戦略家面《づら》している奴がいますが……。

水島　ああ、まったく違うってことか。

中野　違いますよ、もう手を打っているってことです。この中国との合意とは何かと言うと、先日、報道のあったボーイングの飛行機200機などです。要は、総計3・7兆円のビジネスを成立させたっていう報道がありました。

つまり、アメリカはそれまで、中国に輸出し、中国からの輸入を減らすために人民元を上げさせようと、プレッシャーをかけていたんですね。ところが、中国もさる者で、なかなか埒《らち》があかない。そうしているうちに、中国のほうからボーイングの飛行機を買うぞと。ボーイングの飛行機っていうのは、アメリカの数少ない競争力のある製品で、金融とか農業、軍事と並んで、数少ない輸出製品なのです。

これで両国が手を打ったなぁと思ったんですよ。そうしたら、やはり2月のはじめにニュースが流れましたが、アメリカの財務省が、報告書を出して、人民元問題について人民元を上げるべきだが、為替操作国として認定することを見送ったって報道されたんですね。

つまり、ここで、中国戦線はいったん、手が打たれているんですよ。次は、日本だっていうこと、ただ、それだけなんですね。だから、中国包囲網という話なんて嘘っぱちなんです。だいたい、3・7兆円も買ってくれるお客様を何でアメリカが包囲しなければいけないのか、まったく理解できないってことなんですよ。

ＴＰＰは中国包囲網であるとの主張は絵空事

東谷　さっき関岡さんも言われていたけれど、非常に、シンボリックな意味での包囲網を演出したいということと、それから今年の11月のハワイのホノルルで行われるＡＰＥＣですね。その時、オバマ大統領は自分の故郷に錦を飾ると同時に、アメリカの国民に向けて見得を切りたい。これも大きいと思いますね。

長尾　自分の育ったところですね。

東谷　そうなんです。なんとか故郷に錦を飾って、次の大統領選に繋ぎたいのでしょう。そういう意味で、非常にシンボリックですね。あきれたことに、評論家の中には、今度のＴＰＰが中国を包囲する「海洋民主勢力」になると書いている人がいるんです（笑）。

残念ながら、それはほとんど成り立ちませんね。まずブルネイは専制王国です。王様がそのまま首相になる国ですね。それから、ベトナムは未だに社会主義国。それから、シンガポールというのは、李一族の一族支配国家ですよね。そういう国々を糾合して、それを海洋民主勢力なんて称して、民主勢力で中国を囲いこむんだと言ったり、書いたりしている人がいますが、残念ながらまったく成り立ちません。こんな説も、まず、何が何でもＴＰＰを受け入れるということを決めて、後から理屈をつけて、でたらめな話を一生懸命に論じているという気がするんですね。

長尾　ちょうど11月にハワイでやるじゃないですか。日本政府は、それに乗るか乗らないかの入り口のところの判断をするのが6月だと。そうすると、さっき、どちらかでお話が出たように、総理はとりあえず、話だけ聞いて、駄目なら駄目で撤退するというようなことを11月に、それをハワイでAPECを迎えている時に……。

水島　わしゃ、止めます！　なんて……（一同　笑）。

長尾　わしゃぁ、止めますなんてことを主体的にできるかどうか疑問です（一同　笑）。

長尾　ハワイという場所は、先生がご指摘の通りの部分ですので、ここはなかなか私の周辺でも、そこの部分について議論する輪がちょっと少ないのが……。

菅政権のTPP加入論に隠された動機

中野　その、今のハワイがシンボリックであるということと同じことが横浜でもあったわけですよ。要は何でこんなに菅政権がつんのめり、先程、藤井先生が言われたように官僚がとにかく入ることが大事なんだと、つんのめっているかっていうと、オバマのハワイと同じで、とにかく横浜で成果が欲しかったって、極めて官僚主義的な動機があったんじゃないかと思います。私は滅多に官僚の気持ちって分かったことがないんですけどね（一同　笑）。

多分ですね、あの時、尖閣の問題があり、その前に普天間の問題があり、北方領土の問題があり、ＡＰＥＣでは議長国。で、どうするんだって。ただでさえ、マスコミっていうのは、「結局、議長国だったけど日本だけが何のメッセージも発せられなかった」って批判するに決まっている上に、外交にケチがついて、これ、どうしようかって話になっていたはずなんですね。

それで、横浜は開港したところなんで『開国』なんてことを言おうと思っていたんだけれど、『開国』するものがないということで、その成果を何も出せないので、ＴＰＰの交渉に参加しますって言ったんじゃないですか。この形が欲しかったということで、それで、多分、官僚がつんのめっているんじゃないのかなぁと思います。

米作を中心とした日本文化が壊れていく

水島　やっぱりねぇ、その通りだと思うんですね。それでね、先程、ちょっと関岡さんから、農業の問題を含めて戦後レジームの問題っていう指摘があったことに関連して、私が、深刻に考えているのは、いわゆる、保守の人間として思うことは、農耕文化っていうもの自体の、日本の持っていた戦後66年のパン食の問題でね、さっき言ったように日本の家族形態とか食文化も全部変わったんですよね。一つのお釜で炊いた米を食べるというもの。それから米によって季節とか時間の移り変わりとか、いろんなものを感じていく文化なんですよね。

もっと言うと、最終的には、皇室なんですよ。つまり、天皇陛下がおやりになっていることっていうのは、新嘗祭にしろ、大嘗祭にしろ、いろんな形で、米の文化っていうものを中心にずっとやってきているんです。

GHQが意識的だったかどうかっていうこともあるんですけど、私は、ある程度、意識があったと思っているんですよ。つまり、パン食にするっていうことは、少なくとも日本という国を普通の国にね、これまでの大日本帝国的なものと変える意識があったような気がするんですよ。

例えば、7000冊以上の焚書をやったりね、真相はこうだとかいう番組を作ったり、あいうのを見ていると、江藤淳さんの言っているように食文化を含めて、意識的に日本のレジームっていうかな、そういうものを変えようとした。

それで、今回のTPPは、皆さんが言われるような経済面の部分はあるけども、私がもっと深刻に捉えているのは、TPPが、これから日本という国の国柄を根こそぎひっくり返して変えちゃうかもしれないことです。経済形態から始まって、いわゆる、皇室を中心にした日本自体の国柄そのものを変えていくようなことまで延長線上にあるのではないか。

我々の国は、この間のＧＨＱによるパン食促進政策でも分かるように、十分、そういうことをやられてしまう可能性があるということです。

もっと言えば、いつも私達が言う２０００年以上の歴史の中で、外国の軍隊が駐留した時代っていうのは、この66年しかないということなんですよ。二千何百年、世界最古の歴史の中で外国の軍隊がずーっと66年も駐留しているのに、何も言わないでオーケー、オーケーって言って、これからもやっていきましょうって言うんでしょうから。

これにはいろんな事情があったし、冷戦もあったし、これを長いスパンで見ると、私達は、そういう誠に屈辱的で恥ずかしい時代を過ごしているんです。

実は、ＴＰＰの持っている意味合いというのは、完全に、日本合衆国って言うのかな、中共系北海道とか、アメリカ系関東州とかね、私は道州制とか地域主権という言葉自体がそういうものの一里塚、あるいは第一歩じゃないかと思っているんです。

このＴＰＰ問題っていうのは、実際には経済の問題以上に、国そのものが根こそぎ変わってしまうという恐れを持っているんです。

関岡　まったく、その通りだと思いますね。農業の問題は、まず、食糧とか食糧安全保障の問題、それから、食習慣とか、健康とか、そういう問題、さらに、水島社長が言われた日本の稲作文化ですね。これは皇室文化から始まっているので、そういう文化の問題もあります。

私がすごく危惧しているもう一つの問題点は、最近、民主党、自民党を問わずなんですけれども、農業を何とかしなきゃいけないっていうのは確かに事実なんですけども、その処方箋として、例えば農地の流動性を高めるとか、それから、株式会社の農業参入を認めるとかいう規制改革案がいろいろ出てきているわけですね。

それは今から2年前に、OECDが日本の農政改革っていう提言書だか要望書なんだか、よく分からないんだけど、勧告書みたいなものを出していて、まさに、そこに書いてあることなんですね。

やっぱり、最終的な狙いは土地、要するに、領土ですから、主権に関わる問題なんですよね。我が国は大化の改新の詔の時に、公地公民ということで、土地は、お上のもの、国のものだっていう大原則を打ち立てているわけですね。

ところが、第2次世界大戦後、GHQの占領政策が、農地改革で地主の持っていた土地を二束三文で小作人に配分して、そこに、また私的財産権とかアングロサクソン的な法文化を持ち込んで、個人の私有権っていうものを、ものすごく強化してしまったわけですよね。

いわば、その国家権力がアンタッチャブルな領域を作ってしまい、それが成田の三里塚闘争とか、ああいうところに出てくるわけですね。今、その土地を、外資がものすごく狙っているという中で、その農地も流動化させる。TPPで一番問題なのは、農業以外のところで言うと、インベストメント、投資のところだと思っているんです。

中野　そうですね。

深刻な外資の不動産投資

関岡　例えば、内外無差別の内国民待遇っていうのをやったら、外資規制ができなくなりますね。今、中国が森林とか買っている。その外国人土地問題について自民党の高市早苗先生を中心として、それを規制する法律を立法化しようとしている。

実は、その議論の口火を切ったのが藤井先生なんです。藤井先生が自民党時代に、林政基本問題小委員会ですか？　そこで初めて、今、外資が日本の土地を買い漁っているという問題を提起されて、それから東京財団がリサーチを始めて北海道議会が動くということになったんです。その一番最初の口火を切られたのは、藤井先生なんですね。

だから、これは対アメリカの話だけじゃなくなってきます。当然、中国に対する外資規制もできなくなる。アメリカに認めたものを中国に認めないっていうわけにいかないんですよ。これは、最恵国待遇っていう自由貿易の論理がありますからね。まさに、この話は、農業とか、それから文化の話だけではなく、最終的には、やっぱり、土地や領土、国家の主権をどうするのかって話になってくると思います。

水島　簡単に言うと、この間も言ったんだけども、尖閣諸島は埼玉にいる方が持っているんですよ。噂ではこの間、下地島に中国資本が来て、滑走路の周りの土地を全部買うって言ったそうです。さすがに、そのお金の大きさに腰を抜かして、みんな何があるんだろうって不安になったので断ったって言うんですよ。ということは、今のままだとね、尖閣諸島だって買うことができるということなんですよ。だから、誠に怖いですよ。

藤井　いやあ、水島さん、今、関岡さんが私の名前を言われたんで言いますけども、もう、それは3年以上も前の話なんです。

皆さん、日本という国はずーっと憲法を改正しなければいけないということが議論されてまして、我が党も自主憲法を掲げておりますけども、制度的に見ると、本当に、法整備がこれほど、いい加減な国はないなと言えるんです。

先程、山田さんが言われたように、日本は、1700ミリくらいの雨が降るので、水は豊富だと、水だけは、豊富だと言いながら、結果的には、その水源を守るという法律がない。結局、外国人が買ってしまえば、森林も、どう伐採しようが、その所有者の権限になってしまいます。ましてや、その地下水も所有者の権限だっていう法体系になっていると。そこにまた、外国人土地問題っていうのがあって、ようやく、まぁ、民主党さんも動き始めましたけど。

長尾　地籍が放ったらかしで、法人であっても、4割は、どこの誰が持っているのか全然、分からないと。

農地を買収する外国資本

東谷　2009年の農地法改正で、もうすでに、外国資本が土地を「所有」はできないかもしれないけど、借地することは可能なんですね。つまり、事実上、日本の農地を手に入れることができる。

藤井　それで、いっぺん借地させたら借地権がものすごく強いから……。

東谷　もう、戻ってこないんですね。しかも、それを審査する基準というのがひどいもので、「地域農業と調和」という判断基準で地元の農業委員会が認めてしまえばよいのです。

これではいくらでも、外資が入ってくる。ところが、菅首相は最近、共同通信の取材に対してTPPを前提に、さらに農地改革をすると表明しているんですね（笑）。これは馬鹿げた話で、お前は農地をもっと外国に売りたいのかと言いたくなってきますね……。

長尾　さっきの関連で、ね、本当に売りたいのかと思わんばかりで（一同　笑）。

長尾　恥ずかしい話をしますと、ようやく民主党で、そのＴＰＰが立ち上がりました。私も行きました。ところが、みんなは、外国人、安全保障に関わることが議論の中心だろうと思うじゃないですか。マスコミさんもそのつもりです。さらに党内でも、そういう方向でと思っていた。

ところが、いわば与党だから、どこかの誰かの軌道修正が入ったのかどうか分かりませんが、どうも、その売買に関しての届出。これは、まぁ、国土交通省なんですが、後は、地籍に関する法務省への登記の届出。この届出の方式が、非常に曖昧だから、これを何とかしようというようなことばっかり、今、やっているんですね。

東谷　そうですね。

水島　ああ、そういうことか……。

東谷　売りたいんですよ。

水島　売るために……。

東谷　もう、ここまで来れば、売るためにやっているんですよ。行政刷新会議でも「農業生産法人の要件の緩和」が検討されていて、さすがに「担当府省からの回答」には、すでに改正した法律をさらに緩和することは農地を自由に売買しろといっていることと同じだとあります。だから、菅政権と行政刷新会議は農地の自由売買を考えているわけです。しかし、そんなことはアメリカでもやっていません。「ゾーニング」という法制度で、規制していますよ。

長尾　それで、だんだん、私も出る気がしなくなったって言ったんですが……、非常に残念ながら、そう思いたくなる衝動に駆られざるを得ないと。

東谷　だから、おそらく、そうだと思いますよ。

長尾　ですから、それはね、安全保障の問題でしょうということは、これからもガンガン言っていこうかと思います。

藤井　だから3月にね、また、何か仕分けをする。

長尾　だんだん、ずれてきているんですよ。

藤井　それで、6月に農業を含めて人の移動もする。

長尾　いや、仕分けも結構、恐ろしいものが出てきて、規制して……。

藤井　これねぇ、249項目を一応、ざぁっと私なりに、おさらいしましたよ。まさに今ね、長尾さんがおっしゃっていることであって、だから、山にも谷にも農地にも、もっと保安林を解除しろ、もっと規制緩和しろと……。

長尾　もう、そちらの法手続きを、きっちりやろうと、そっちばっかりやっているんです。

東谷　もうすでに林地は、匿名で買えますからね。農地も早晩、外資を巻き込んでの投資・投機の対象になりますよ。

山田　言われる通りで、私も農地法改正の時に、そのことを問題にしたんです。で、外国資本が入ってくるということを、借地でやれば、どんどん、認めたことになるんじゃないかとやりました。

ところが、もう周りのみんなから、山田、止めとけよと、言われました。ＷＴＯの投資のルールがありまして、結局は、外資の内国民待遇を認めていくという条項があるわけですね。そのことが空港や通信や一部のことだけには、制限があるんですが、それ以外はもう手立てがないっていうことだったんですよ。これは残念だったですねぇ。改めて、そこまで踏み込んだ取り組みが必要ですね。

水島　まぁ、それと、もう一つは、どんどん、日本の外国人が帰化する基準っていうのが緩んでいるんで、その辺も全部、含んで見なきゃいけないっていうことだと思うんです。

さっきも言いましたけど、ＴＰＰの問題は、もう国柄の問題になるんです。今、農業のお話をいただきましたけれども、別分野、例えば農協のシステムすら、買われてしまうかも分からないということも出ました。こういうことを含めまして、ＴＰＰの問題について、さらに他の分野についても、話し合ってみたいと思っています。

第3章
TPPの裏に隠された
アメリカの陰謀

TPPは「金融」「投資」に関わる問題

水島　第2章では、農業問題等を中心に、日本の農業、土地とか、システムとかを含めて、どういう問題があるのかという点について、みなさんと話し合いましたけれども、さて、TPPは、それだけではないということです。

よく農業問題だけが中心的に取り上げられていますけど、それも大変、重要な問題ですが、それだけではない。日本の全ての産業、あるいは国柄に関わる問題として、今、TPP問題があるという本質的な問題を皆さんにお聞きしてみたいと思うんですけど、えー、どなたか最初に……じゃあ、東谷さんから、どうぞ。

東谷　TPPが打撃を与えるのは「農業だけじゃないけれど、農業にも大きく関わっている」という論法で議論しないといけないんですね。

アメリカの意図は何かという話が、先程から出てきているわけですが、実は、簡単に分かる方法があるんです。オリジナルのTPPというのは、小さな4カ国が作った協定です。しかし、オリジナルのTPPになくて、アメリカとの情報交換をやった後に、日本政府があたふたと作った24作業部会に新たに登場してきたものが少なくとも二つあります。「金融」と「投資」なんですね。だから、アメリカが小さな4カ国のTPPに乗っかって、何をやろ

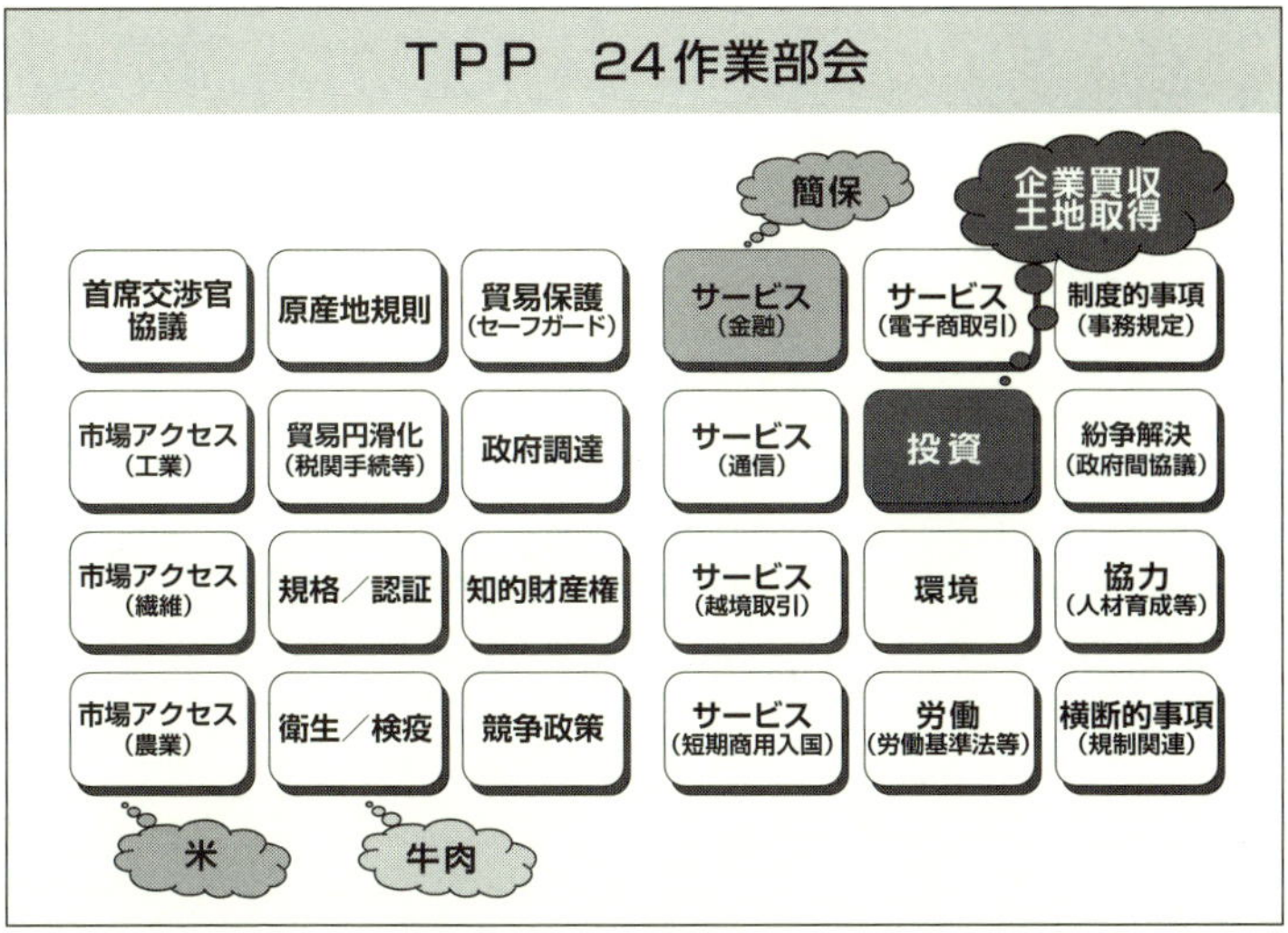

うとしているかというのは、新しく出てきたこの二つを見れば分かります。

これが確実にアメリカのやりたいことなんですね。この「金融」と「投資」には、非常に大きな問題があると思いますので、これについては、これからゆっくりと話したいと思っています。

関岡　それなら、東谷さんが言われたことを図解にして持ってまいりましたので、これをご覧ください（図・上）。これが、そのTPPに関して、アメリカが作った24のワーキング・グループですね。

今、東谷さんが言われたように、そのオリジナルの4カ国のTPPの中には、例えば、サービス（金融）、投資とかは作業部会になかったんです。その条文の中にないから、アメリカが入れたわけですね。それを含めて、これだけの作業部会があります。で、マスコミの伝え方なんかは、農業が問題なんだと、農業の関税の問題なんて言っていますが、それは、24分の1に過ぎないわけです。

それから推進している経団連とか輸出企業ですか、先程、三橋さんが指摘してくださった耐久消費財とか自動車とかですね、それの関税問題もワン・オブ・ゼムです。ですから、本当に、工業対農業っていう、まぁ、製造業対農業っていう、そういう利害対立が確かに国内に存在しますけど、TPP問題に関して言えば、ごくごく一部に過ぎないということなんです。

例えば、私が非常に懸念しているのは、このSPSっていう「衛生／検疫」って書いてあるところなんですね（図・前頁）。ここは、まさにアメリカが言っているところの牛肉の輸入再開問題なんですね。これも後で時間があれば、もっと詳しく話したいと思います。

それからなぜ、金融を入れてきたかと言うと、やっぱり、ここに簡保が入るわけですよ。実は、郵政っていうのは、アメリカから見ると金融の問題なんですね。

郵便事業とかそういうことにはまったく関心がなくて、要するに、保険なんです。この保険ということで言えば、農協の話をさっき東谷さんが第2章の終わりで言われましたけども、実は、アメリカが簡保の次に狙っているのが共済なんですよね。

2010年10月1日 菅総理大臣の所信表明演説

……EPA・FTAが重要です。その一環として、
環太平洋パートナーシップ協定交渉等への参加を検討し、
アジア太平洋自由貿易圏の構築を目指します。

2010年11月9日 閣議決定「包括的経済連携に関する基本方針」

環太平洋パートナーシップ（TPP）協定については
……国内の環境整備を早急に進めるとともに、
関係国との協議を開始する。

経済連携交渉と国内対策の一体的実施
（1）農業　→2011年6月に基本方針
（2）人の移動　→2011年6月に基本方針
（3）規制・制度改革　→2011年3月に具体的方針

共済も日本生命に匹敵するくらいの資産を持っていますから、これもやりたいということで入れてきているわけです。私が、この投資について、一番、危惧しているのは、第2章の終わりにも言いましたが、この土地の問題、それから企業買収の問題とか、まぁ、いろいろな問題が、農業と関税以外にも様々あるということです。

あと一言だけちょっと付け加えたいのは、今、その6月っていうふうに言われていますが、私は、もうちょっと早いのではないかと思っているわけです。……と言うのは、去年の11月9日に閣議決定が行われていまして、包括的経済連携に関する基本方針で、TPPについて、国内の環境整備を早急に進めるって書いてあるんです。国内で何をやっているかっていうと、先程

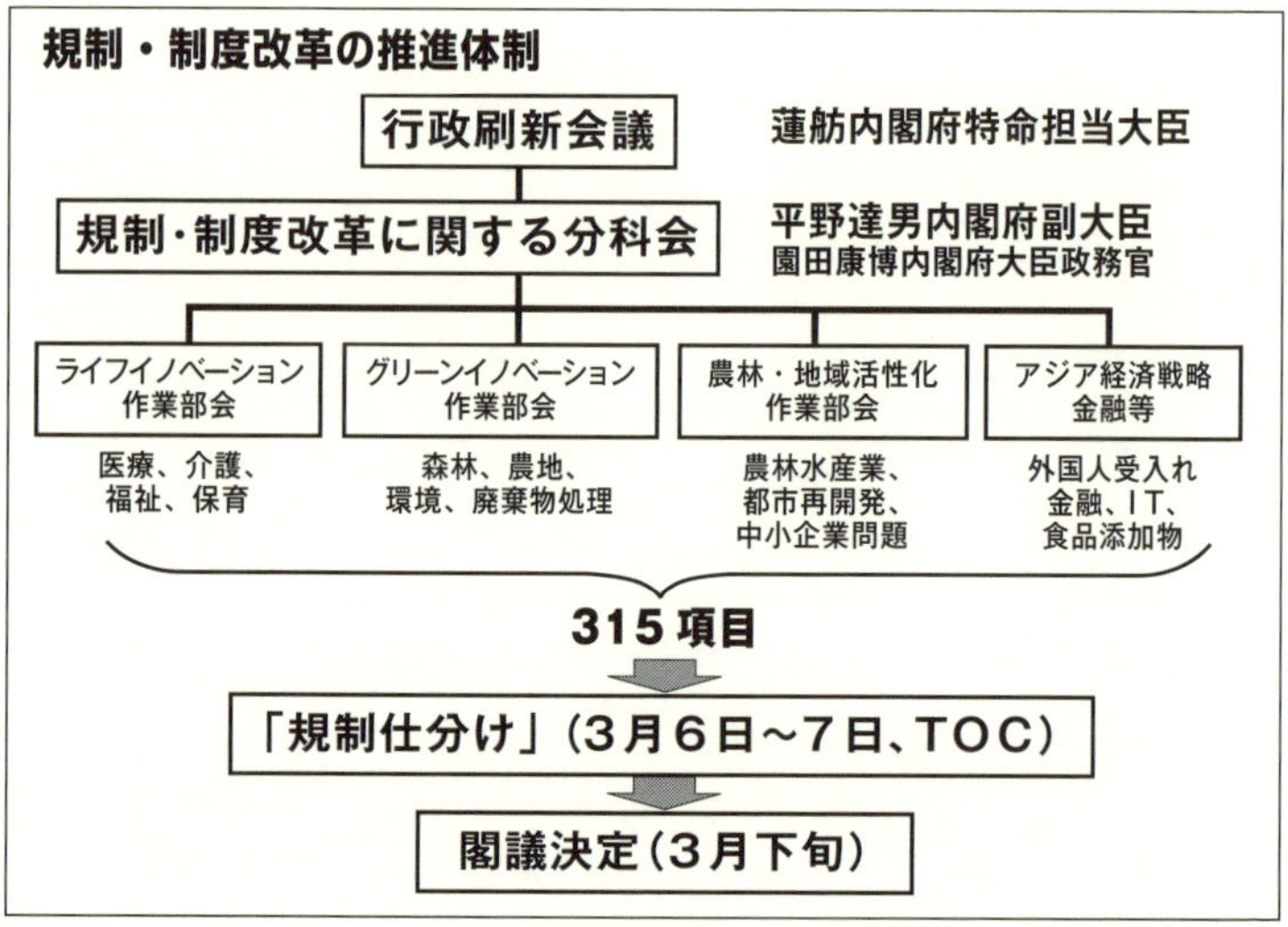

から出ている農業と人の移動。これは、確かに今年の6月に基本方針を決定するって書いてあるんです（表・前頁）。

3番目に、ここに規制・制度改革っていうのが突然出てきていまして、これは何と、今年の3月中に具体的な方針を決めてしまうということです。その中身ですが、これは、後で長尾さんから詳しくお話を伺いたいんですけれども、どういう形で進めていくかというと、民主党が政権交代してから、行政刷新会議っていうのができて、今、蓮舫さんが担当大臣ですね。それで、その下に、規制・制度改革に関する分科会というのができていまして、オリックスの宮内会長が10年以上君臨していたかつての規制改革会議が一応、格下げになる形で、行政刷新会議の下に入っています（表・上）。

その下に、今、ライフイノベーション、グリーンイノベーション、農林・地域活性化の三つの作業部会ができています。それから、アジア経済戦略金融等と、いくつかの組織がありまして、その下で、医療とか、この森林や農地の問題、それから外国人受け入れとか、いろんな規制改革案が、今、絞られていまして、去年の6月に出た第1次報告書で66項目。今年の1月26日に出た第2次報告書で２４９項目。合わせて３１５の項目が炙り出されているわけです。

これを来月の3月6日と7日に、五反田のＴＯＣ卸売りセンターってところを借りて、蓮舫さんが出てきて、規制仕分けというのをやると。前やっていた事業仕分けっていうのは予算をぶった切るっていう話だったんですけども、同じ手法を使って、オリックスの宮内会長なんかが10年かかってやってもできなかった積み残し案件を2日間で決着つけちゃって、月末に閣議決定してしまうというスケジュールになっているわけですね。この辺、ちょっと内部の情報を長尾さんに。

理念なき規制仕分けの行方

長尾　とにかく、ご指摘の通りで、これは、いきなりというわけじゃないんです。ライフイノベーション作業部会というのは昨年くらいから順次始まっていたんですが、中身について、例えば、私は、厚生労働委員会がずっと専門でございますので、医療の関係をずっとウォッチしているんですけれども、実は、そのライフイノベーション作業部会の中で、規制仕分けの対象となるものが何かということについて、議員が出席をして意見討論をするステージが今までなかったんですよ。

水島 えっ!!

藤井 それは大変なことだねぇ……。

水島 何があるんですか？

中野 民間人とかエコノミストとか、企業の経営者とか……。

長尾 勝手にやっているものを我々が1次的にではなく、2次的、3次的に、例えば、業界やあるいは、団体の方から、これは、おかしいよというご指摘をいただいて、僕ら議員が初めて知って、これはいったい何やねんというのが状況でありました。

それで、ちょっと3月6日、7日というのは、規制仕分けの行われる当日なんですが、今日がまぁ、2月の下旬だということで、実は、この放送が26日ですよね、今週の火曜日の朝8時から始めて、この規制仕分けに関わる議員が出席する会議が初めて、設けられる……。

水島 1回目の会議ですね。

長尾　1回目です。ただ、そこに、3月6日と7日に仕分けをするにもかかわらず、その日に出るかどうかも今、まだ分からない。ところが、いろいろな医療ツーリズムに関わる動きというのは、先程から皆さんにご指摘いただいたように何も分かっていない。

だから外務省からありますように、交渉上のTPP状況の強制条文案については、これまでいっさい、公表されていないと書いてあるにもかかわらず、そういうものだけは何か、がんがん、がんがん、出てきているんですよ。

それで、先程、関岡さんが言われたように、全てがTPPに関わる問題かどうか分かりませんが、おそらく、その延長線上で、とにかく矛盾だらけですよね。ですから、結果が決まっていて、とりあえず何の議論もなく、しめしめ、やってしまおうというような策略が見え見えなんです。恥ずかしながら、僕らがようやく騒いで、この火曜日からの議員参加のもとのステージがようやく設けられているという、お恥ずかしい現状です。

藤井　実は私、十数年前に運輸大臣をやりましてね、今の長尾さんの話にも関岡さんの話にも関連するんですが、農業問題がTPPで一番中心みたいに言われていますが、分科会、各省、もちろん、多くの何十項目ってあるんですけど、その他、国土交通省分野、あるいは厚生労働省分野の役人を呼んで、私なりに勉強しましたよ。

そうしましたら、その249項目、この分科会の項目に、とんでもないものも入っているわけです。例えば、カボタージュっていう、これは、フランス語が語源なんですけど、内航運輸とか、そういったものに関する、いわゆる、輸送のことに関することですけども、それぞれの国の沿岸地域の輸送については、その国の主権を認めるという国際的基準になる制度があるんですね。

ところが、メンバーの慶応大学の教授、名前はあえて言いませんけども、その教授が言っているのは、それを日本が率先して規制を緩和しろということなんです。外国はまったく、アメリカだって認めていない、そういう国際法上の慣例までも、日本が率先して改正するべきだということを奨励しているわけですよ。

これはさすがに、国土交通省も、それから港湾局も、それから航空局もね、こんなことは、とてもじゃないけど言いません。それから、農業関係、土地改良は、もちろんそうなんですね。もう土地改良……あれには、口を出すなと。もう、それも入っているんですよね。だから、そういうことを言っている学者が分科会のメンバーになっているわけなんです。多分、長尾さん、そのメンバーのリストがどうなっているか知りませんけど、とんでもない話になっちゃうんで、そういうことも含めて、3月2日に仕分けをやったら、まず、ひどい話になりますよ。

規制・制度改革を推進するのは誰なのか

山田　私、今、関岡先生に示していただいた表の中で、農地の扱いや農林水産業の扱いっていうのが課題になりますから、内閣府に規制・制度改革の内容を説明に来てもらいたいということで呼んだんです。

水島　はい。

山田　そうしたら、内閣府の担当、幹部だと思いますが、2人、お見えになりました。まず、こちらから聞きました。お2人はどこから出向されてますか？　と。1人は日本銀行。1人は三井不動産です。皆さん、結局ね、先程、水島先生が言われているように、国柄を変えようという意図がどこにあるんだろうかということとも関係があるんですが、今の話について、じゃあ、こういう規制・制度改革を課題にすることについて、菅総理は分かっているかって言うと、分かってないと思うんですよ。

それじゃあ、蓮舫さんは分かっているのか。分かっていないと思うんですよ。とすると、これを変えようとしているのは、誰が、どういう意図があって規制・制度改革になっているのか。

そして、こうしたメンバーの選び方になっている。出向して出てくる民間のメンバーが、それこそ自分達の利益のために言っているわけでしょ。農地についても、民間が中心となった法人を作って、それで所有できるということだし、それから森や農地に今度は電気事業等、エネルギーを理由に開発するためには、その会社には、優先的に農地を開放しますと。

東谷　農地の転用を認めると。

山田　そうです。転用を認めるという話になっちゃうわけですよね。いったい誰がやっているのか？　なんですよ。それで、私は関岡さんの『拒否できない日本』っていう、対日年次改革要望書ですね、あの中で、私は前の団体にいた時に産業構造審議会のメンバーだったんです。

で、大規模店舗の見直し、大規模店舗の設置の規制緩和問題、あれね、結果的に、多数で決めちゃった。マスコミの関係者、経済学者、それから官僚ＯＢが多数賛成で手を挙げたんです。私は反対しましたが通ってしまった。通ってしまった後、いったいどれだけ、優良な農地の真ん中に、大規模スーパーを造っていったんですか？

そうでしょ。それと同じようなことが、今度、また、なされているんじゃないかってことが心配ですね。もう一つですね、対日年次改革要望書について、今度、総理に対して質問主意書を出してみたんですよ。

関岡　ええ、調べてくださった。

山田　そうしたら、対日年次改革要望書は2008年でストップしているんです。そして、後は日米経済調和対話というものになっているというのです。その内容を公開するかどうかは、そのつど日米間で協議することになっている、ということでした。

一同　表紙が変わっただけ。

山田　全然内容が分からないまま、明らかにされないままですね。

中野　水面下に潜ったんですね。

山田　そうらしいんです。これは、いったいどういうことなんですか?

東谷　表紙を変えただけと言われていましたが、やや誤解を呼ぶものだと思います。これまでは、あくまで「要望」だったわけです。しかし、今度の「協定」というのは、国際法上の強制力があるわけですから、日本を破壊する力ははるかに大きい。

藤井　年次改革要望書があった時は、ちゃんと日本語がコピーされていたんですよ。だから、あれを見たものは、それについて言えるけど、今、まったく、潜っちゃったということは、もっと危ないんですよ。アメリカの戦略がもっとしたたかになっているかもしれない。

中野　ただですね、今、山田先生が言われた誰がどう動かしているんだろうって話なんですけど、一つあるのは、長尾先生が言われた話と関連するんですけど、要は、与党の議員ですら知らされないという問題なんですね。学識経験者だけで進めている。でも、これっていうのは、まさに先程から出ている構造改革の手法で、要は、議員なんかに言わせていると、何事も決まらないから、民間の知恵で、物事を即決するっていうことを、皆で喝采して、それが新しいシステムだとされた。

経済財政諮問会議っていうのは、そういうものだとして、持ち上げられたし、先程、長尾先生が民間から来ている人だって言うんですけど、民間を登用しましょうっていうのも、ずーっとそれがいいことだとやってきた結果なんですよね。

もちろん、アメリカはいろいろ言ってきていると思いますけども、私は藤井先生が言われたように、アメリカが要望していないのに、自分からやろうとしているっていう内圧が、相当かかっていると思います。

一つ、言えるのは、TPPの作業部会で、アメリカがいろいろ、金融とか出してきているんですけど、それもそうなんですが、一方で、APECの記者会見の場とか、いろんな場で、菅総理自身がヒト、モノ、カネの流動化、国際的な移動を活発にして、経済を活性化しますと、言っているんです。

しかし、ヒト、モノ、カネの流動化を早めれば、経済がよくなるっていうのは、実は、自民党政権の時から、ずーっと言ってきた台詞です。が、本当は、世界的なリーマン・ショックやアジア通貨危機とかいろいろあったので、ヒト、モノ、カネを流動化させればいいってことじゃないってことは、世界的に明らかになっているんです。今回の、そのＴＰＰの金融部門に関しても、そのスティグリッツとかが、２５７人だったかな……。

東谷　ええ、そうですね。これはインターネット上の TPP Watch のサイトか http://tppwatch.files.wordpress.com/2011/02/capctrlsletter.pdf で、手に入ります。

ヒト、モノ、カネの流れと景気の因果関係

中野　２５７人のエコノミストが連名で、１月の下旬に、クリントンとガイトナー宛に、「この投資をどんどん進めようというのは、金融を不安定化するものだ」と意見を出している。だから個別の安全保障上、クリティカルなものが買収されるっていう論点もさることながら、そうでなくても、とにかく、カネの移動を高めると景気がよくなるっていう話自体が、もう経済学的に嘘っぱちで、むしろ、それがリーマン・ショックの原因でしょってことで、スティグリッツらが警告を発している。

それから、自由貿易論者では、ジャグディシュ・バグワティっていう有名な自由貿易論者がいるんですが、彼ですら、財の自由貿易はいいけれど、カネとヒトは駄目だと、財とヒトとカネは違うってことも言っているんですね。

ところが日本ではリーマン・ショックの前も後も関係なく、とにかく、ヒト、モノ、カネの流れを活発にすれば景気がよくなる。実際には、景気がよくなると、ヒト、モノ、カネの流れが活発になるんですね。因果関係が逆なんですけど、もう、そういうふうに頭の中がセットされているので、仮に、アメリカの圧力がなくてもやるし、アメリカの圧力があると、なおかつ、世間で説得の通りがいいので、自分から迎え入れているという、そういう傾向が極めて強いと思いますね。

長尾　すみません、関連なんですけど、先程、議員が知らない状態で進んでいるというお話を、役所の方に、どこの省庁とは言いませんが、政務三役はちゃんと説明を受けているの？　って聞いたんですよ。

まぁ、要は、政務三役っていうのは、行政刷新の担当大臣ですが、何度かやり取りした中で、ちゃんと説明は受けていないと思います、ということなんですわ。

東谷　インターネット上なんですが、山田正彦前農相が、インタビューに応えてましたね。ネット用の雑誌で、昨年の2010年夏に説明を受けたと言うんです。喋ってますね。まぁ、一部だったのか、その農業って部分が大きいからか分かりませんけれど、一応の説明を受けている。

水島　それは役職が…どこから……。

東谷　TPPについて。

水島　農水省？

東谷　それが、どこから受けたという話は入っていません。閣僚懇談会だったとだけ述べています。

長尾　私がちょっと聞いたのは、いわば、その12月の下旬にある一定の規制改革の仕分けの中に弾として乗っかるだろうと。そういう内容について、もうね、まったくの素人が聞いても分かるような、これはおかしいですよねと言うような内容が、そのまま乗っかろうとしていると……、今日はちょっと時間がないので、この辺にしておきますけども。

水島　まぁ、いいですよ。

長尾　つまり、どうも、あまり説明をきっちりと聞いていないいんじゃないかというような……。

東谷　それはそうかもしれない（笑）。

人の移動が自由化されると……

関岡　例えば、さっき、中野先生が言われた人の移動について、どういう項目が挙がっているかというと、こういうのが挙がっていましてね。

高度外国人材の両親の帯同解禁っていうんですけども、要するに、コンピュータのSEとかプログラマーとか、技能を持っている人は、これからどんどん移民として入れていきましょうということです。まぁ、単純労働者はヤバイけれども、技能を持った人は入れていきましょうということですね。

現状でもすでに、その人の奥さんとか子供は一緒に連れて来てもよいということになっているんですが、今度、規制改革案として、さらに、その両親ですね。それも本人だけではなくて配偶者の両親も含めてなんです。だから一気に4人、一緒に連れて来られるようになってしまう。要するに、そういう入国管理法の規制緩和をしましょうということなんです。それと、今、投資経営に関する在留資格があります。外国人が日本で会社を作るとか、それから、何か投資ファンドなんかを作るような人にも、どんどん在留資格を認めていきましょうというもので、もうすでにあるんです（表・左）。

その条件として、現状は、最低500万円以上の出資金を出すことというのがあるんですが、それも、もうちょっと金額を引き下げようという動きがあります。なぜならば、日本に留学している留学生が日本で起業しやすくするためだそうです。だいたい、池袋の北口辺りで何か訳の分からない会社をいっぱい作っているのは、ほとんどが中国人なんですけどね（一

「人の移動」分野について懸念される規制緩和案

高度外国人材の両親の帯同解禁

現行の在留資格「家族滞在」は配偶者と子供のみが対象だが、
これを本人および配偶者の両親に拡大する。

在留資格「投資・経営」の基準緩和

現行の「最低500万円以上」の要件を緩和する。
→中国人留学生の起業の阻害要因になっている。

複数の外国人が共同で起業し、他に従業員がいない状況で、
全員役員の場合、全員に「投資・経営」の資格を認める。
→「投資・経営」資格保持者は「家事使用人」を帯同できる。

同　苦笑）。

本当だったら、その中国人は、留学生期間が終わったら、お国に帰ってもらわなきゃいけないんですけど、そのまま引き続き日本に居残って、要するに留学ビザに替わる、新たな在留資格を提供しましょうというような話なんですね。

中国人元留学生2人が会社を作って、俺が会長でお前が社長というような場合でも、2人とも、その投資経営者としての在留資格が認められることになるんです。

どうしてかって言うと、経営者だと、家事使用人っていうのを帯同できるっていうのがくっついてくるわけですね。だから、そうやって例えば5人の留学生が全員役員だと言って会社を作れば、5人それぞれが自分の弟や妹とか、従

姉弟なんかを家事使用人という形で帯同してきてもいいということになるんです。

まぁ、そうやって、どんどん、どんどん、芋づる式に外国人を入れていこうということです。

これを人の移動だと称しているわけです。

本来、これはＴＰＰとまったく関係ない話なんですね。やっぱり去年の11月９日の閣議決定の時に、アメリカから言われて、やらなきゃいけなくなった農業とか、そういったＴＰＰに絡む項目と、それからオリックスの宮内さん以来、ずっとやってきてなかなかできなかった規制改革を推進してきた、まさに中野先生が言われるところの、日本の国内の構造改革派が相乗りしたんですよね。

ＴＰＰというのを大義名分にして、あるいは、『平成の開国』というもので錦の御旗を立てて、今までやりたくてもできなかったことを一気にやってしまえという動きが、突然、去年の10月、11月くらいから動き始めたということなんですね。

ある種のクライマックスが蓮舫劇場。庶民の代表の蓮舫ちゃんが、エリート官僚をぶっ叩いてくれてると、ああ、スッキリしたって形で、片付けようとしているところに、大変、危険なものを感じます。まさに、ソフト・ファシズムじゃないけども、ポピュリズム・ファシズムみたいなものが今、推進されようとしているんです。

長尾　役所は本当に危機感を感じてますよ。全てではないですけど。いや、これは止めたほうがいいというのも中にはありますよ。ええ。

水島　いや、それと、これねぇ、外国の周りを見た時に、今、言われたように、アメリカだけの要望というか、要求だけじゃなくて、中長期で見れば、実は中国にとっても利益、国益に合致してしまうでしょう。韓国にとっても合致するんですよね。東アジア周辺の諸国にとっては、こんな馬鹿なことをやってくれると、大変ありがたいということですよね。

グローバル化の落とし穴

中野　それもあるんですが、もう一つの問題は、外国が利益を持つので、外国から圧力があるよりも、先程の内圧っていう話なんですけど、要は、どうして民間が入ってきたりして、自分達の国を売ろうとするんだろうということなんです。

ここにおられる方々や視聴者、チャンネル桜をご覧になっている方々は、みんな不思議に思うはずです。私もよくそういうことを質問されるんです。ですが、一つは、まずグローバル化っていうのは、そういうもんなんだということを考える必要があると思います。

三橋さんが、そこら辺を詳しくお話しされると思いますけども、そもそも、そのグローバル化っていうものは何かというと、企業が自分の利益のために、国を選ぶことができるようになった時代なので、企業の利益と国民の利益が一致しなくなったということなんですね。先程、労働分配率が下がったと、山田先生が言われましたが、まさに、そういうことなんですね。簡単に言えばデフレ。賃金が下がるということは、我々国民にとっては不幸ですが、輸出企業にとっては競争力がつくということなんですね。

また、輸出企業は、長年の株主主権ということで、株主にも外国からの株主とかがいるわけで、もうほとんど外国企業なんですね。そういうグローバルな企業っていうのは、これは日本だけじゃなくて、世界的にそうですが、必ずやることは、ワシントンが典型ですけど、当然、政治と癒着して、ロビイング活動をやって、規制を私物化して、乗っ取ろうとするわけですね。

それと同じ現象が、まさに、2000年代から加速するグローバル化と共に起きている。輸出企業の利益と国民の利益が一致しなくなっても、国民のためという顔つきをして、国益に反するような私利私欲に走る。

しかも、輸出産業が国民の利益だった過去のグローバル化以前の時代の記憶を引きずっている国民に対して、「自分達がこれだけ世界でシェアを取ったから日本人が勝ったんだ、日本人の誇りなんだ」みたいな勘違いを、過去の遺物の勘違いをさせているんです。

グローバル化以前の幻影、残像を残した形で国内改革をやっていく。これが2000年代に起きたことで、その間、グローバル企業が政府を動かす。それに対して抵抗する政治家や官僚を除けて、民間の知恵と称して直接意見を言うようなトランスミッション・ベルトとして、例えば、経済財政諮問会議が作られ、規制仕分けが作られて、と、こういう流れなんですね。

したがって、結局は、政治システムとか、そういう所に関わってくるんですけども、じゃあ、グローバル化して、自分達の企業の利益のことだけ考えるようになって、しかもマスコミから、政府さえも乗っ取っている。

共産党みたいですけど、ハッキリ言えば、大企業に対して、これと対立して国民の利益を考える、つまり、経団連と対立して、国民の利益を考えてくれるところが必要なんですね。どこですかね？（笑）何だか、ちょっと私、だんだん言いにくくなってきましたね。

三橋　あのう、いいですか？　実は今、韓国がまさに中野先生の言われた状況が究極まで進んだ形になっています。

国内の大手家電メーカーも自動車も寡占。寡占っていうのは企業数が少なくて、最も売上げを高められるわけでしょう。さらに、その下に原価を引いた売上総利益、下請企業に対してものすごい圧力をかけて、何しろ独占的事業者なんで、目茶目茶叩いて売上原価を下げて、売上総利益、つまり粗利益を上げていると。

さらに、韓国は、あれだけ堅調、堅調と言われつつ、実質的な賃金が下がっているんですよ。しかも2009年は、破綻したアイスランドの次に下がったんですよね。日本どころじゃないんです。

これに加えて、その、法人税の優遇措置っていうのをやって、要は、韓国の大手企業っていうのは、まず、国民、要するに消費者に損をさせている。高い物を買わせているんです。しかも、人件費削減で従業員を損させている。さらに、法人税を下げることで、政府に損をさせるということで、あれだけ利益を大きくしているわけですよね。その状況というか流れというのが、今、日本に来ていて、私が一番分からないのは、法人税減税を言い出している人達って、結局、何を考えているのですかということなんです。

例えば、投資が少ないとか言うのであれば、投資減税でいいんですよ。法人税減税ではなく、投資減税でいいという話なんですよ。

ところがなぜか法人税減税で、最後の純利益を拡大すると、これは今の日本の企業の状況を見る限り、目的が株主利益を高めるか、あるいは、役員賞与を高めることしか、考えられないんですよ、ハッキリ言うと。

配当で吸い上げるか、あるいは、役員の報酬を高めるか。要は、アメリカ型ですよ、アメリカがモデルになっているんですけども。その、今、ぎりぎりのとこに来たなぁという感じです。だから未だに私が分からないのは、何で政策に法人税減税5%を入れちゃったのかなぁと（笑）。

水島　いや、だから、今、他の分野のものが出てきたんで分かりやすくなりましたけど、やっぱり基本的に経済の仕組みで韓国も変わったように、我々の国も多分、変わるんじゃないですかね。こういうことをやることによって……。

東谷　いや、もうすでに変えられちゃったんですよ。90年代から行われた規制緩和や構造改革で。ＴＰＰはその仕上げ。しかも、アメリカと日本の推進者達は、さらに10年とか15年やるといっているわけです。でも、すでに……。

水島　最終的には変えられちゃったんだね。民主党内閣なのか、菅内閣なのか、あの多民族共生国家、言葉を変えれば何かよさそうに聞こえるけども、日本の国民を不幸にするような企業に、中国人もいれば、韓国人もいれば、アメリカ人もいて、ここのところ自由にね、我が国の、日本列島で政治経済活動ができるということになってきていますね。でも、その割には日本の国民は豊かになれず、幸せになれないっていう状態ですよね……。

国内格差をもたらす移民政策

藤井　今、水島社長が言われた通りでしてね。ちょっと話が関係ないかと思うかもしれませんけども、チュニジアでクーデターが起きて政権が倒れた、ムバラクも終わった。ところが、フランスの大統領も、それから、ドイツもイギリスも、みんな、コメントしないんですよ。そりゃぁ、微妙な問題が起きるからなんです。

それはイスラム圏で起きていることが、これがイスラム以外に広がっていく可能性があるんです。一気にインターネットでどんどん、どんどん、崩壊していくというような状況が、あっと言う間に起きているわけですよね。

それは何かって言ったら、今度のTPPの問題の大きな柱の人の移動、移民問題なんですよ。私から言わせればね、日本人のお人好しもいい加減にしないと。さっきの外国人を入れる話ね、要するに、ドイツにしても、かつての植民地の宗主国、全部、移民問題で全部失敗しているんです。移民問題で成功した国は一つもない。それで今、ああいう形で起きてきているわけです。

東谷　簡単に言えば、移民政策というのは国内に格差を作ることで安い労働力を得る政策なんですね。しかし、国内に格差を作って数十年経つと、そのツケが回ってくる。例えば、ドイツとかフランスは、初めは安い労働力を得られて高度経済成長ができると喜んでいたけれど、第2世代、第3世代が国籍をとる頃には高度成長ができなくなって、彼らは国内の貧しい第2国民に転落してしまう。

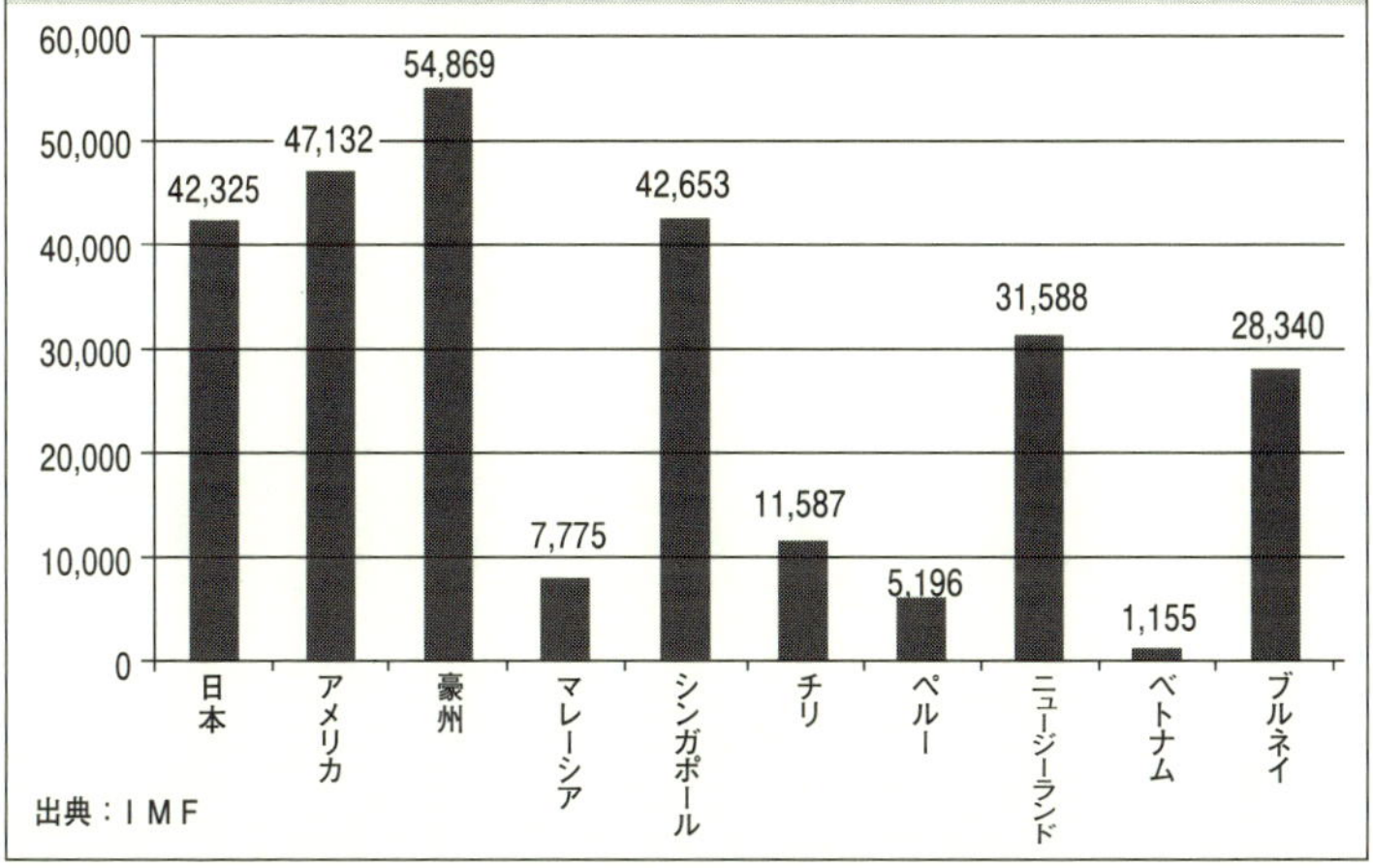

2010年ＴＰＰ諸国の国民所得比較（単位：ドル）

しかも、彼らは親戚縁者を呼んでしまうので、格差社会化に際限がなくなるんですね。いまや、ドイツもフランスも差別政策といわれるのを承知で移民を阻止しています。

藤井　それがよい見本か悪い見本かは別にして、そういう見本があるにもかかわらず、日本は、どんどん外国人を入れて、はい、緩和して、はい、仲良く共生なんて言うから。水島社長が言っているように、日本は主権国家として、もっとしっかりしないとね、悪い見本が今、起きているんだからね。それをもっと、関心持ってやってもらわないと困るんですよ。

三橋　これは、ＴＰＰ諸国の１人当たりのＧＤＰをドル換算で見たものなんですけど、これすごいですよね（表・上）。その……、ベトナム、１１５５ドルですよ。日本は、４万２３２５ドルでベトナムの国民所得はその36分の1ですよ。しかも、7000万人いますからね、別にベトナムを悪く言っている訳じゃ全然ないんだけど……（一同　笑）。

国民所得が1000ドル台の7000万の人が、TPPの中に入っているわけですよ。TPP関連の国々を見ると、いわゆる、ベトナムの単純労働をやるような方々が働ける製造王国は、この国（日本）しかないんですよ。この国しかないんです。とにかく、経団連が賛成しているっていうのは、やはり人件費を下げるっていう目論見が絶対にあるんで、これで国民所得1000ドルの人達、7000万人いる人達と、日本の労働者が競争したら、まさに底辺への競争ですよ。

中野　しかもですね、今のメンバーで、ベトナム以外にもマレーシアとか、賃金の安い国、チリとか、低賃金労働を輸出したい国がいっぱいある。そうではない国は、シンガポールとニュージーランドとアメリカとオーストラリアで、これは移民国家なんですね。日本だけが囲まれているんですよ。この中に入って、交渉、ルールを有利にするだって、やれるものならやってみろーと、こういうことなんですよ。

ところがね、そう言うと、「そうじゃなくて、移民を入れたい」って言っている人達なんで、もう、こいつらは日本人じゃないと（笑）、そういうことなんですね。

水島　だから日本が中国になっちゃうっていうね……。

中野　いやあ、そういうことですよ。

ＴＰＰで日本の全てが変わってしまう

三橋　本当に、おかしいなぁと思うのは、第1章でも言いましたけど、未だに、ＴＰＰの協約が日本語でオープンにされていない点ですよね。そのＴＰＰ協約の冒頭に、ちゃんと書いてあるわけですよ、全て自由化することを目標にしますと。ところが、そういう情報をいっさい出さないで、このまま進んでしまうと、なし崩し的に多分、こういう状況になるなぁということが分かりますね。

水島　我々は、これまで外国人地方参政権反対運動とかをやってきましたけど、実は、ＴＰＰっていうのは、トータルで日本を全部、変えられてしまう。

結果としてそうなっちゃうっていう、非常に問題が多いことだと思うんですけど、例えば、もう少し、視聴者の皆さんに分かりやすいように話したいのは、さっき金融と保険っていうのがありましたよね。これはいったいどうなるんだろうということです。まぁ、極端な形でいいんですけど、具体的に言うと、どんな形になるんでしょうか？　保険が全部、どうなるか、とかです。

東谷　自見庄三郎郵政・金融担当大臣が、郵政の問題に関しては、アメリカとの2国間だから、多国間であるTPPとは関係ないなんて発言しているんですけど。あれは……。

中野　変ですね。

東谷　あれはまったくあり得ない話です。

中野　ジミ・ヘンだ（一同　笑）。

東谷　面白すぎますね（一同　笑）。

自見郵政・金融担当相が、なぜ、あんな発言をしているかと言うと、「日米貿易フォーラム」で、政府が株式を持ったまま郵政に活動されたんじゃ困ると提議されたからです。

では、今回の「日米貿易フォーラム」というのは何のためにやっていたかと言うと、TPのためにやっていたんですね（笑）。それなのに、あの二つの問題は関係ないと言っても、それはまったく通らないと思う。今度の「TPP24作業部会」については、関岡さんがお詳しいと思うのですが……。

関岡　さっき言いましたように、この24作業部会の内、元々、4カ国の時にはなかったのが、東谷さんが説明してくださったサービス（金融）と、それからもう一つが投資なんですね。それでさっき投資の話を早口で言いましたので、もう少し分かりやすく図を作ってきましたんで、これを説明したいと思います（図・左）。

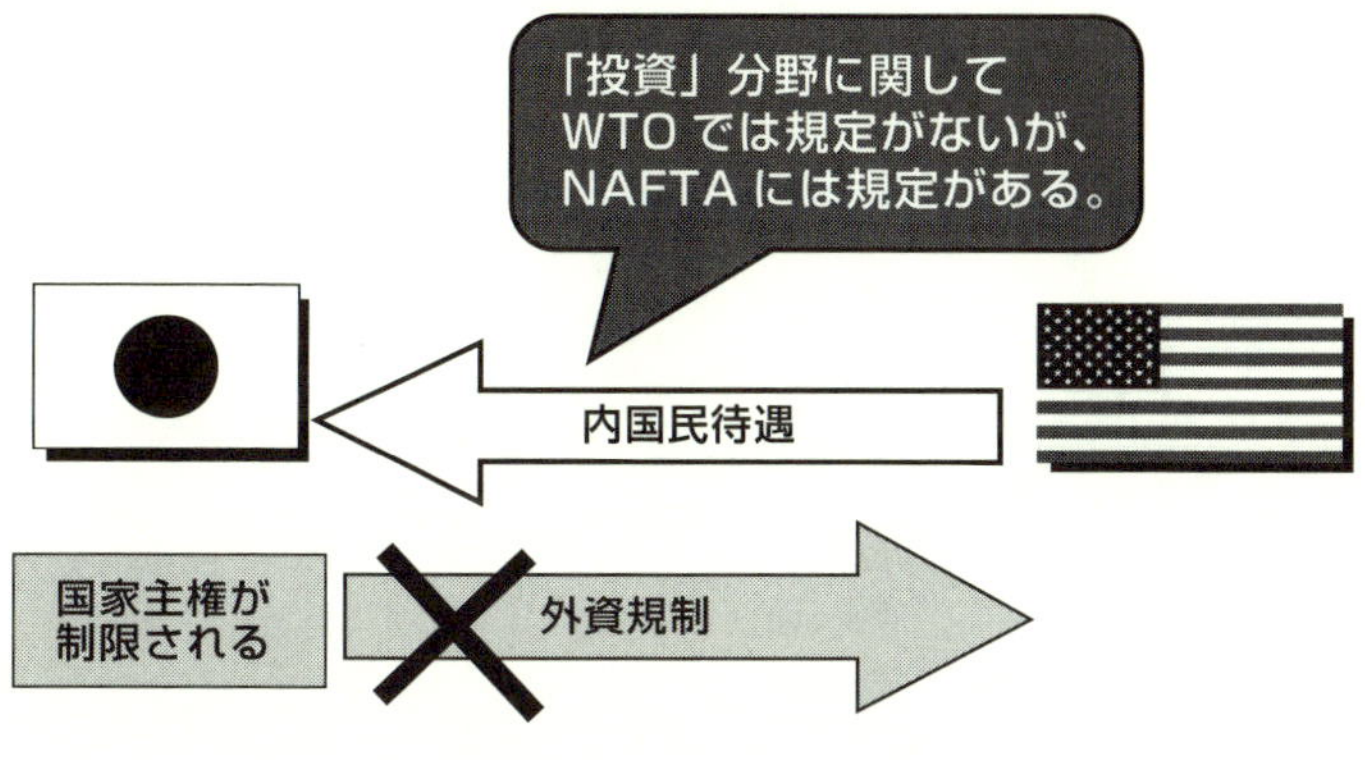
「投資」分野に関して
WTO では規定がないが、
NAFTA には規定がある。
内国民待遇
国家主権が
制限される
外資規制
「投資」分野で懸念される事項

まず、先程、申し上げた内国民待遇ってやつです。要するに、投資家は、日本の国内の投資家であろうと、例えば、ホリエモンとか村上ファンドみたいなのであろうと、ウォール・ストリートの青い目の投資家であろうと、北京や上海のチャイナ・マネーであろうと、オイル・ダラーの何とかファンドであろうと、差別しちゃいけませんっていうのが内国民待遇なんですね。

で、それが、今回の９カ国に拡大したＴＰＰには入っているんです。ところが、これは大変に危険な条項なので、ＷＨＯ（世界保険機構）ですら入っていないんです。ＷＴＯ（世界貿易機関）には投資に関する協定があるんですが、その中にはやっぱり外資規制が必要だろうということで、内国民待遇は入っていないんですね。

ところがアメリカが推進して作ったＮＡＦＴ

Ａ（北米自由貿易協定）には入っているんです。だからアメリカの考えていることは、要するに、まずカナダとメキシコに飲ませたものを、次は日本に飲ませるということで、それでＴＰＰを出してきて、最終的には、中国とかＡＳＥＡＮとかを全部入れて、この投資のルールをアメリカ主導で作りたいというのがＴＰＰなんですね。

その次に控えているＡＰＥＣ、ＦＴＡＡＰっていう奴ですね？ そういう二段構えの戦略になっているというのを今日、冒頭に申し上げたんです。要するに、外資の規制ができない。例えば、福田内閣の時に、オーストラリアのファンドが羽田空港の管理会社を買おうとしていた。

一同 あぁ〜〜〜……　空港……。

関岡 もうすでに株式を取得していたんですが、空港っていうのは、有事の時には制空権に関わる最重要施設ですから、外資に買わせちゃいけないわけですね。ということで、珍しく福田内閣がまともなことをやって、あれは、国土交通省の役人が結構、頑張ったわけですけども、法律で規制しようとした。

ところが閣内から、それに反対する人が出てきて、それが今をときめく「みんなの党」の党首の渡辺喜美さんだったんです。あの人が規制改革担当大臣で、そんなことをやったら外資に、そっぽ向かれて株価が下がってしまうってことで猛反対したんです。もう1人、経済財政担当大臣をやった大田弘子さんという……。

一同　あぁ〜〜〜（笑）。

関岡　竹中平蔵先生の愛弟子ですね。これが同調して、閣内から２人閣僚が反対に回ったんで、結局、外資規制できなくなっちゃったんです。

中野　２人ともＴＰＰに賛成していますね。

ＴＰＰ加入は日本の主権を売り渡すこと

関岡　「みんなの党」は野党の中で唯一ＴＰＰに賛成しています。だから、今後は、ロシアが北海道の空港を買いに来たりとか、中国が沖縄の空港を買いに来ても、これを法律で規制することができない。この根底にあるイデオロギーが内国民待遇ってことなんですね。ですから、空港が外資に買われてしまうのを日本の政府が阻止できないということで、これは国家主権が制限されるって話なんです。

チャンネル桜の視聴者の方にぜひ、理解していただきたいのは、このＴＰＰの問題とか平成の開国っていう問題は、単に、経済とか農業の話じゃなくて最終的には国家主権が制限されますよって話なんですね。

水島　だから、今、この間、放送でもやりましたけども、例えば、これは、ハッキリ言っていいと思いますけども、ソフトバンクさんの、孫正義さんの資金源っていうのはね、いわゆる、ヘッジファンドとか中国マネーだと言われています。それで、今、NTTやKDDIの技術や何から、そういうものを奪っちゃおう、シェアも何も含めてね、というふうに言われているんですね。そういうことを、今、内国民待遇じゃなくても、国籍を持った人だったら、そういうことができるんですけどね。

東谷　なぜ、WTOでそれをやれなかったかと言うと、実は、アメリカはやりたかったんですね。WTOにはGATT（関税と貿易に関する一般協定）じゃなくて、GATS（サービスの貿易に関する一般協定）というのもあります。これは、金融も含むサービスの貿易に関する一般協定で、この中で、アメリカは内国民待遇を随分、しつこく認めさせるように動いたんです。

しかし、今、関岡さんが解説してくださったように、金融を含むサービスの分野で内国民待遇を認めたら、自国の主権や政策を外国の企業に売り渡してしまうようなもので、多くの国が反対した。そこで妥協的な策として、それぞれの国が自国で「約束表」というリストを書いて、この分野だけは認めますという自己申告制にして、とにかく、自国の経済政策に与える影響を食い止めてきた。ところが、NAFTAとか、今度のTPPのような地域経済協定の場合には、WTOの中に地域経済に関する規定があって……。

長尾　例外ですか？

東谷　例外条項ですね。だから、NAFTAでは可能になった。だから今度は、TPPでも可能になるわけですね。

中野　ちなみに先程から名前が挙がっているクレイトン・ヤイターは、日米半導体協定をレーガン政権の時にやったんですが、もう一つ、カナダとの自由貿易協定も手がけたんです。後に彼は、「カナダ国民は何に調印したのか分かっていない、アメリカ経済の支配下に入るだけなのに」、というような主旨の発言をしたらしいんですけど、多分、日本人も、TPPに入ると、日本人は何に参加したのか分かっていないってね、こう言われると思うんですね。

水島　もうじき、そうなるんですよね。

東谷　ちょっと、今ね……。

ISDという危険な条項が入っている

関岡　あ、ちょっと、すぐすみますけど、さっき説明しそびれたことを、一つだけ、ちょっと……追加で説明させていただきたいんです。投資分野の中で、もう一つ、大変、危険な条項で、ＩＳＤ（Investor-State Dispute）と言うんですけども、外国の資本家が相手国の政府を訴えることができるというのが入ってましてね（図・左）。

例えば、仙台で、チャイナ・マネーがＪＲの跡地を買収して、空中中華街っていうのを作ろうとして、あれも当時の市長が大変偉かったんで、梅原克彦さんってチャンネル桜の常連ですけども、阻止したわけですよね。

そうすると、外資が損害を被ったと。要するに、チャイナ・タウンを作って儲けたかったのに、その利益が得られなかったとして、不服を感じた外国の投資家が、仙台市を訴えることができるようにしようというものです。

もし、日本が法律で外資規制みたいなものを入れる。空港を買収できないとした場合に、日本で空港事業をやりたかった外資が不服として、国際投資紛争解決センターという、仲裁委員会に訴えることができるわけですね。そうすると、この仲裁っていうのは、３人くらいの弁護士が出てきて、その弁護士だけが判定を下す。その判定の基準も、例えば、日本の空港が制空権に関わる安全保障上の重要性だとか、そういうのはいっさい、関係ないんですね。

自由貿易、貿易と投資の自由化という観点のみで判断するので、当然、日本が負けますわね。そうすると、その外資が日本に対して天文学的な損害賠償を請求することができるということになる。これは、カナダとかは、ＮＡＦＴＡでさんざん、やられているわけです。

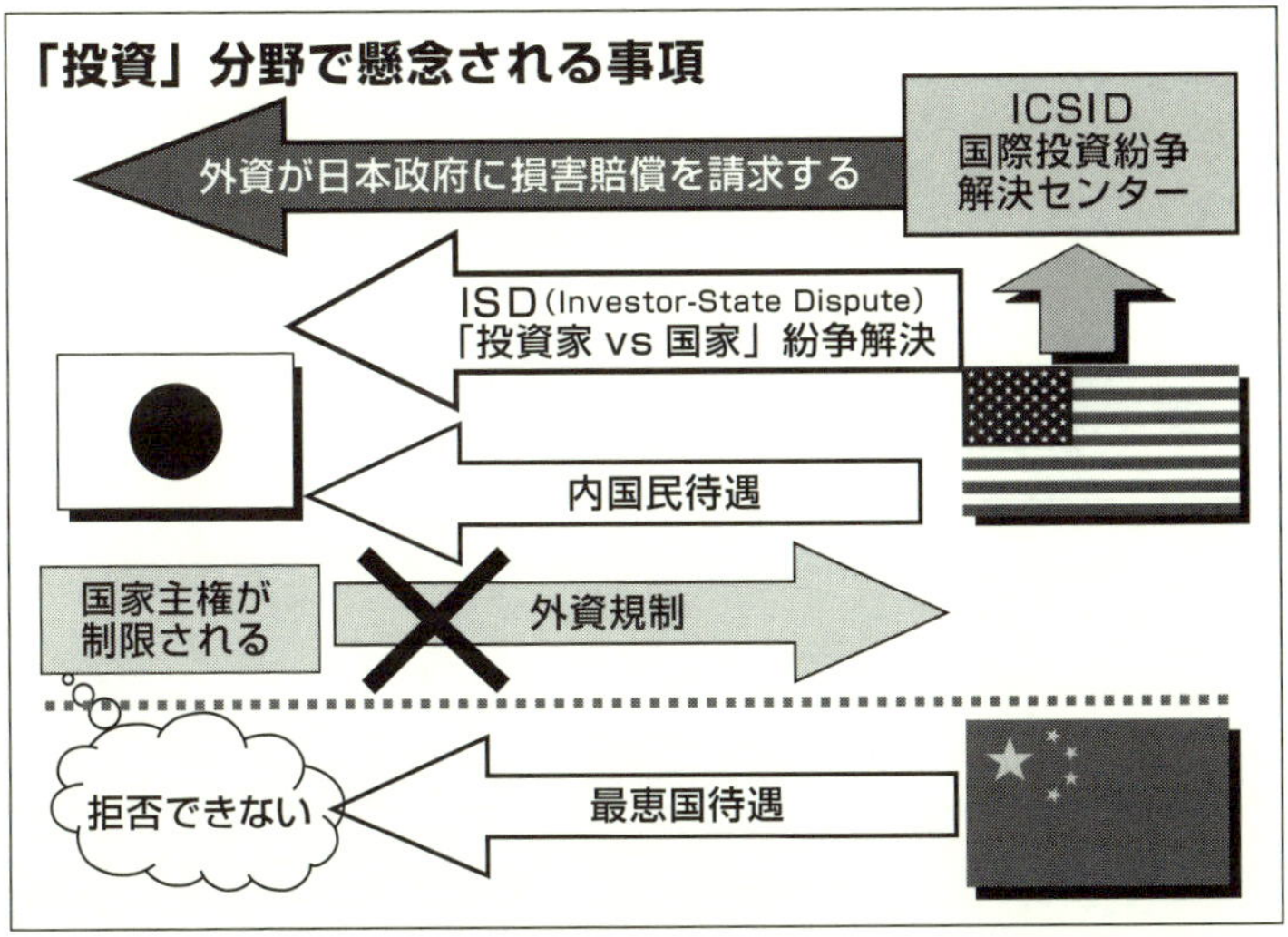

例えば、カナダ国内の環境基準は厳しすぎると、アメリカのエネルギー企業が機会利益を喪失したということで訴えて、カナダ政府は、賠償金を払わされたりしているわけです。あるいは、その規制を撤廃しようというようなことになったりする。

そうすると、その時の賠償金の原資は国民の税金なわけですよね。まぁ、こういった大変危険な条項が入っているわけです。実は、1990年代後半にOECDを使ってね、アメリカがまずOECDの共通ルールにしようという形で画策してて、さすがにフランスでさえ、これは危険だということで、フランスが降りて、結局、頓挫したままなんです。それが、今度はTPPに入ってこようとしている……。

東谷　ニュージーランドでも、TPPの反対運動というのが、あんまり大きくないんですけどあるんですよ。今のインベスター・ステート・ディスピュート（投資家―国家紛争）、あるいは、インベスター・ステート・セトルメント（投資家―国家決着）という言葉が飛び交っていて、彼らはそれが一番、怖いと言っていますね。

なぜなら、この投資家―国家紛争によって公的なサービスをつかさどっている国家が、外国の投資家に訴訟を起こされるわけです。まさに、その時の仲裁裁判というのは、投資に対して内国民待遇が守られているか、あるいは、市場アクセス条項というのも細かく規定されていますが、これらの条項が全部、満たされているかという話で判断が下されてしまうわけですね。

関岡　ですから、この投資条項っていうのは、一言で言うと、外資と日本国政府を対等な力関係に持っていこうというものなんですね。

東谷　もっと言うと、内国民待遇っていうのは、国内よりも、「より不利にしない」という書き方をしていますんで、逆差別もあり得るんですよ。

一同　うう～～ん。

東谷　内国民待遇というのは、加盟国の企業や投資家に対して、国内の企業や投資家よりも「不利にしない」ということですから、逆差別で外国の企業や投資家に対して優遇したって構わないんですね、逆差別が成り立つ。そういうこともあり得ます。

関岡　さらに、アメリカの戦略が今はＴＰＰで日本をターゲットにしているんだけれども、将来的には中国も取り込んでいくと。ＡＰＥＣ・ＦＴＡだというふうになれば、当然、中国も入ってくるわけですね。そうすると、アメリカに認めちゃったものは、今度、最恵国待遇で、他の加盟国にも認めなきゃいけない。だから、今度は中国から同じことを日本の主権に対して、行使できるという、まさに、中国を拒否できないということになっちゃうわけです。

藤井　今の話、大変、重要な話なんですけれども、我々、今日、政権政党を含めて政治家が3人出ているんですが、長尾さんにも一つお願いしたい。今、民主党政権や内部がガタガタしているとかは別にして、このＴＰＰの問題は、単に農業だけの問題ではない、あるいは、金融、その24項目の問題だけじゃない。まさに、国家主権に関わる大変大きな重要問題を含んでいるのだっていうことを、しっかりと与党、野党、関係なくね、主権を守るんだということをお互いが理解し合っていきたい。そういうものが政治家である我々の役割だと思います。これはね、本当に、大変な問題を含んでいるという気がするんですよ。

農業に対する投資を自由化するとどうなるか？

東谷　もう一回、先程の農業の話を蒸し返すようですけど、農地と農業生産法人に対する投資、今のまさに投資が、完全に自由化されるとどうなるか。

実は、すでに具体例があるんですね。アメリカを中心とする地域経済協定であるNAFTAに参加したカナダとメキシコは、完全にアメリカのアグリ・ビジネスつまり農業巨大企業によって乗っ取られてしまっている。

乗っ取られているって言葉は強いかもしれませんが、具体的にどうなっているかと言うと、まずカナダの例を言います。カナダ・アメリカFTAが1989年に発効して、その後、NAFTAが1994年に発効した際に統合されますが、89年から10年を経ていない1997年の段階で、カナダの農産物の加工・流通はほとんどアメリカのものになりました。例えば小麦製粉は7割強がアメリカ系企業ですね。大麦で作る麦芽製造は約9割。それから、カナダはキャノーラ油が有名ですが、油糧種子の加工、これもほとんど8割。輸出牛肉加工が7割。つまり、7割から9割はもう完全に、アメリカ系企業のものになっています。

それから、メキシコのほうは手短に説明しますと、メキシコの輸出する農産物の75％はアメリカ向けです。そのことによって、もう完全にメキシコっていうのは、アメリカの畑にされてしまっているわけですね。さらに、協定によって2008年にはとうもろこしの輸入関税がゼロになりましたので、米国産とうもろこしが怒濤のごとく押し寄せて、メキシコの消費量の3分の1量を占めてしまった。

中野　しかも、今の問題は、もう経済だけじゃないんですね。つまり、よく「日本の農業は既得権があって、これが、どうにもならないから、農協が悪い、だから破壊しなけりゃいけない、TPPという外圧で……」みたいなことを言う人がいるんですけれども、アメリカの農業の利権とか、利権集団なんて、ワシントンを動かすわけですから、日本の農業の利権集団よりはるかに強いわけですよ。

現に、レーガン政権の時に小さい政府だと言って予算を削減しようとしたようですが、実際には、膨れ上がっちゃった。

原因の一つは、軍事費が削れないどころか、膨れ上がっちゃったわけですね。もう一つは、農業予算が全然減ってないんですよ。アメリカの農業っていうのは、それくらいですね、関係団体の政治力が強くて、穀物メジャーっていうのは非常に強くて、オイル・メジャーなんか『目じゃあない』みたいなことになっていて（一同　笑）。

世界一の大農業国家・アメリカ

藤井　あのね、中野さんね、今、視聴者の皆さんに訴えたいのは、要するに、私も地元に帰るとよく聞かれるんですよ。アメリカって国は、どういう国だと思いますかって。大工業国家とか世界大警察国家だとか……。

いや、違う、世界一の大農業国家なんですよ。このことを言うとね、えっ！　アメリカっていうのは農業国家なんですかって。いや、そりゃあ超農業国家なんだ。その認識でやらないとね。穀物のカーギルの話もありますね。

中野　ええ。

藤井　かつてはオイルが、セブン・シスターズを含めてほとんどアメリカの企業に握られていたのと同じように、世界の穀物、飼料を握っている。そういった意味で米国は国内の農業をしっかりと保護しながら、いかに自分達の雇用を増やしていくかって、そういう戦略的なことをやっている。

もっと日本国民は、アメリカって安保によって同盟国ですけど、それと国家主権をどう守るかってことは別問題だってことを、ぜひ、分かってもらいたい、と言っているわけなんですよね。

中野　しかも経済の問題と、国家主権とか政治の問題と切り離せないということです。今、もし、ＴＰＰで安い農産品がアメリカから入ってくると、一緒に、利権集団、利権を国内に引きずりこむんですよ。

いったん、そうなっちゃったら、政治家が、「ああ、ヤバイ、ＴＰＰは、やっぱりまずかった。「農業を守ろう」と動こうとしたって、その政治のほうに、アメリカの金やら権力やらがもう入っちゃうんですね。だから、いったんやってみて駄目だったから抜けるとか、そんなことを言っている奴は、はっきり言って、考え方がまったく甘すぎるってことですよ。

水島　そうですね。

山田　それは、アメリカの農業団体の中でも、例えば、酪農団体。それから砂糖の団体。これらの団体は、TPPは、絶対に駄目だというふうに言っているんですよね。だから、そういう情報もほとんど日本に伝わってきませんね。

東谷　砂糖についても、例えば、アメリカ・オーストラリアFTAですが、この時アメリカは、砂糖に関しては完全に守りきったんです。オーストラリアが輸出したい牛肉に関しては、18年という年月をかけて関税をなくすことになったのですが、最初の9年間は26・4%という高関税率が維持されています。

水島　なるほどね……。

東谷　それだけではなく、オーストラリアは公共事業の水資源の確保とか、そういうものまで、アメリカの企業が入札できるようにされてしまった。これは非常に怖いですね。ライフラインをつかさどる公共サービスまで外資が入り込むようになれば、その国の経済政策だけでなく、主権だって危うくなるでしょう。

中野　そのくせ、農業がヤバイって話になると、さっきの話ですけど、農業改革をやって、強くするんだって。特に、菅政権、首相はね、強い農業とか言って、彼は何かね、「強い」って言葉を使うのが非常に好きなんです。強い農業、強い農業、って言うわけですよ。強ければそれでいいんだ、力さえあればいいんだって、タイガーマスクの歌みたいな話になっているんですけども（一同　笑）。

要はですね、一方では輸出産業化、「こんなに日本のりんごはおいしいんだ。お米はおいしいんだ。これを輸出産業化するんだ」ってことで、儲ける意味で強い農業って言っているんです。

しかし、先程、関岡先生が説明されたように、穀物という必需品を輸入して、贅沢品である高いりんごとかおいしい米とか、そういうものを輸出するような相互依存関係になります。ですから、いざという時には、向こうは、贅沢品の日本の農産品なんかいらないし、不景気になったら買わなくなるので、いきなり、ぽしゃるわけですよ。ところが、こっちは、穀物を輸入しちゃっているので、向こうの言い値で買わなきゃいけないっていうことで、これは全然、強くないんですね。

東谷　しかも、強くして輸出をしようといっているんですが、その輸出の主体が、日本国の企業だったらまだいいんですよ。

中野　ははっ、そうですよね……。

農産物の加工と流通の開放が意味するもの

東谷　今、行政刷新会議で何が議論されているかというと、農協がこれまで押さえていた農産物の加工と流通を、もっと民間企業に開放しようということなんです。コメに関してだけいうと、農業は今65％を押さえています。

私は農協に問題がないなんて言いません。しかし、単に農協叩きをやっても日本のためにはならない。今の行政刷新会議で検討されているのは、まだ9％である民間会社に、農協が占めているシェアをもっと任せるようにもっていこうということです。

しかし、先程も言いましたように、ここには外資が簡単に参入できるわけです。そういう前提で話し合われていますね。

山田　だからね、日本の農業をしっかりさせる、それから日本の社会を安定したものにする、地域を守るってことであれば、家族農業を国のあり方の基本に据えて、それを大事にするっていうのが、あるべき本当の理念じゃないですか？

ところがそうじゃなくて、家族農業じゃ駄目だ、株式会社を参入させます。株式会社の後ろに外国資本がいますよ。似たような形で、農地を所有できる、農業生産ができるということになったら、いったい、この国はどうなるのか。民主党は、特に、この国についてのあり方に想像力を持っているんですかね。

水島　いやぁ、まったく、そうですねぇ。

東谷　カナダも、農協というのは強かったんですよ。ところがNAFTAを締結した後、急速にアメリカ系アグリ・ビジネスの傘下に入れられていったんです。こういう事態は、たんなる絵空事じゃなくて実際に起こったことなんですね。

水島　いや、もう、それが狙いでしょうね。

東谷　ええ。

水島　実例があるってことですね……。

アジア諸国に武器を売りたいのがアメリカの戦略

三橋　エジプトで最近、騒乱がありましたけど、あの時、軍隊が出ましたよね。あのテレビに映ったエジプトの戦車って、アメリカ製なんですよ。それで、今回、私が一番、怖いなぁと思うのは、検討項目の中に政府調達っていうのが入ってますよね。

アメリカというのは、完全な戦略国家なので、防衛と農業とエネルギーは全部、自分達で押さえるわけです。その代わり、家電とか自動車は、貿易赤字でもいいよと、やっているわけですけど。

その防衛産業の競争力は、圧倒的にアメリカが強いわけですよ。日本は国内だけでやってますけど、向こうは、世界を相手に商売しているんで。これで政府調達について、アメリカ企業を内国民待遇するなんてことになったら、日本の防衛産業はもうボロ負けですよ。

東谷　アメリカのTPP担当者は、明示的に語りませんが、武器輸出についても十分に考えていると思いますよ。これは推測が入りますが、10月1日に菅首相がTPPへの参加を表明し、その後、北沢防衛大臣が10月10日に武器輸出の三原則を考え直すといい出した。これを自主的に言っているんならいいんですよ。

ところが、実は、ウィキリークスに暴露されたわけですけど、アメリカのゲイツ国防長官が、ちゃんと北澤防衛相に圧力をかけていたんですね。この時、ゲイツは何を前提に圧力をかけていたかと言うと、ミサイルをヨーロッパに売るための出荷基地として日本を考えていたらしい。

しかも、その後、『ニューヨーク・タイムズ』だったと思いますが、ミサイルの売り込み先はヨーロッパだけじゃなくて、韓国にもやはりミサイルを売りたいらしいと報じていました。それから、最近、ポール・ブキャナンという、あまり知られていない軍事アナリストの小さな論文が発表されました。

水島 ニュージーランドやオーストラリアで活動しているらしいですね……。

東谷 この人の書いた文章の中では、やはり、アメリカは今、アジアに武器を一生懸命に売りたいんだという記述がある。

矛盾した話なんですが、一方でアメリカは経済で中国と仲良くしていますが、中国の脅威は怖いだろうと言って、アジアの諸国に武器を売りたいわけですね。そういうことがブキャナンの論文では指摘されている。

実は、日本の企業は武器を作ってきたし、中小企業は武器の部品を輸出していますが、このTPPをきっかけにして、アメリカの軍事産業の中に組み込まれてしまう。まさに地域経済協定による経済一体化ですね。うかうかしていると、そういう事態は、もう、目の前に迫っているような気がしますね。

いかにしてTPP加入を撤回させるか

中野 どうして、それが目の前に迫るかって言うと、元々、三橋さんが言われたように、アメリカは、極めて戦略的な国家なんですけど、リーマン・ショックでヤバイんですよ。だからなりふり構わず喰いに来ているってことなんですよね。

それと同じタイミングで、我が国はガタが来ちゃっている、普通は、不景気、世界不況とか、ヤバイことになると、どの国でも、これは、ヤバイからと言って保守化するんですよね。ところが我が国の場合は、一回、やらせてみるかってことになっちゃって、政権交代をさせてしまった。

しかし、アメリカに限らず世界は今、飢餓状態で、飢えているわけですよ。そういうタイミングで出てきたのがTPPだってことを考えないと、この先、攻めてくるのはこのTPPだけじゃないですよ。

TPPは、例えば、与党の力が弱かったとか、国民的なコンセンサスが取れなかったとかいって、やりたかったけど流れるなんていう形で終わっては決して駄目なんです。これは、明示的に「今日の議論を踏まえて、これはヤバイ、国家主権の問題だ、民主主義の問題だ」って、徹底的に議論して反対して、構造改革みたいなばかな流れ、もっと長くとれば、戦後レジームみたいなことをやってきた、そのツケがこうなんだということまで、深く理解して、きっぱりと、『ノー』と言うところまでいかないといけない。そうでないとこの先、このリーマン・ショック後のヤバイ世界を、とてもじゃないけど、生きていけないですよ。

山田　藤井先生、藤井先生、ＴＰＰを今、中野先生が言われるように、それじゃあ、どう撤回させるかということが課題ですね。このままですとね、脱出できないわけですよ。どうしますか。

中野　いやぁ、もう、ヤバイですよ。

藤井　これは、私、冒頭に申し上げたように、ある分野をいくつか絞って、ＴＰＰを含め、こういった問題を含めて、やっぱり私は挙国一致内閣を作るくらいじゃないと、……が例えば菅総理辞めても、また、誰かになったとか、首を挿げ替えたとかなんとかと言われるだけだと思いますよ。結局ね、多分、次の総理も、ＴＰＰを撤回しますなんて総理が出てくるとは、まず考えられませんから……。

中野　いや、この部会だけでも淡々と進みますよ。

長尾　我々、今、与党の中でも慎重派、反対派では、まず、その刷新会議の６日、７日の土俵に上げないことですね。最悪でも、検討という形、つまり、検討すれば、どれだけ危険なものだということが分かるので……。

水島　いや、時間があれば、あるほど、いいんでね、皇室典範の時も、そうだったんですよ。実は、自民党の中にも分からない人が多かったんです。だけど、少なくとも、国柄が変わる問題だから慎重審議っていうところでやってくれということで、だんだん、延びていったら、悠仁親王殿下が、お生まれになったってことがあったんですね。

長尾　最悪、ここまで止めておかないと……。

関岡　いや、本当に、与党の立場にもかかわらず長尾先生に出ていただいたのはすごい重要なことで、実は、言っちゃいますけども、今回、国民新党にも出演を依頼したんですけども、断られたんですね。

この、一昨日発表された規制仕分けのワーキング・グループの評価者の名簿の中に、国民新党の参議院議員の方が1人、入っているわけですよね。ですから、国民新党の方は、規制仕分けにも影響力を行使し得るということで、大変に重要だということから出演依頼をしたんですけども、残念ながら断られました。

だからぜひ、今日、ご出演の3人の先生を中心にして、国会議員の中で、国会の中で、まず、大きなうねりを作っていただいて……。

藤井　それね、私も苦い経験を何度もお話ししましたけど、あの時、自民党の国会議員は、郵政民営化に90％反対だったんですよ。

一同　ええ、そうですね。

藤井　90％反対だったのに、あっと言う間に、ああいう状況になるという怖さを我々は経験していますから、十分に気をつけないといけない。

水島　今、大変、重要な問題で、今日の話は、本当に皆さんに広めてもらってインターネットでも広く伝えていってもらいたいと思います。

それから、今、言ったように、国民新党さんも、この間、ちょっと会いましたら、本当は反対だということを言ってましたけど、それはどこまでしていただけるかね、今日、ご出演いただけなかったんですけど。まぁ、役職がついていて、出にくいとか言われました。それに加えて、もう一つは、情報通信の分野、テレビやこういうインターネット、携帯の分野、人の心を動かし、意識工作のできるという分野にも、外国の浸透が始まっているってことを、ちょっと指摘しておきたいと思います。

今日は、本当に面白い討論になったと思います。皆さんのお陰です。今日は、以上です。ありがとうございました。

一同　どうも、ありがとうございました。

東谷　暁（ジャーナリスト）

昭和28年生まれ。早稲田大学政治経済学部卒業。「発言者」（平成17年休刊）編集長、「表現者」編集委員を経て、平成9年よりフリーのジャーナリストに。著書は『世界金融崩壊七つの罪』（PHP新書）、『増補・日本経済新聞は信用できるか』（ちくま文庫）、『間違いだらけのTPP 日本は食い物にされる』(朝日新書)など多数。

藤井孝男（参議院議員・たちあがれ日本）

昭和18年生まれ。成城大学経済学部卒業後、アラビア石油（株）勤務、父である藤井丙午参議院議員秘書を経て、昭和56年の参議院議員選挙にて初当選。3期務め、平成5年の衆議院議員選挙に出馬し初当選。4期務めた後、平成19年より再び参議院議員に。昨年自民党を離党、たちあがれ日本に参加。

三橋貴明（経済評論家・作家）

昭和44年生まれ。東京都立大学(現:首都大学東京)卒業。外資系IT業界を経て、平成17年には中小企業診断士資格を取得。通信業界に対し、企業の財務分析に基づくコンサルティングのかたわら、各国の経済分析、広報活動を行っている。著書に『日本の大復活はここから始まる！』（小学館）、『歴大総理の経済政策力』（イースト・プレス）『日本経済、復興と成長の戦略』（朝日新聞出版）など多数。

山田俊男（参議院議員・自民党）

昭和21年生まれ。早稲田大学政経学部卒業後、全国農業協同組合中央会(JA)に入会。組織経営対策部長、農業対策部長、常務理事、専務理事を歴任し、農政問題、WTO農業交渉の問題などに取り組む。平成19年の参議院議員選挙にて初当選。現在、議員連盟「TPP参加の即時撤回を求める会」事務局長を務める。

【出席者略歴】

水島　総（(株) 日本文化チャンネル桜 代表取締役社長）

昭和24年生まれ。早稲田大学第一文学部卒業。映画「南京の真実　第一部　七人の『死刑囚』」「南の島に雪が降る」「奇跡の山」、ドキュメンタリー「特攻 國破れても國は滅びず」、ドラマ「車椅子の花嫁」（プラハ国際テレビ祭視聴者大賞）など、300本以上の監督・脚本作品がある。日本映画監督協会・日本脚本家連盟会員。現在、月刊『正論』『WiLL』に連載を受け持つ。「頑張れ日本！全国行動委員会」の幹事長も務める。

関岡英之（ノンフィクション作家）

昭和36年生まれ。慶應義塾大学法学部卒業後、東京銀行(現三菱東京UFJ銀行)入行。退職後、早稲田大学大学院理工学研究科修士課程修了。『拒否できない日本』（文春新書）は年次改革要望書を介した米国の日本に対する内政干渉を検証して、22刷のロングセラーとなった。最新刊に『国家の存亡』（PHP新書）がある。

長尾たかし（衆議院議員・民主党）

昭和37年生まれ。立命館大学経営学部卒業後、明治生命保険相互会社に入社。勤務のかたわら、阿久津幸彦衆議院議員に師事。大前研一主宰の政経塾「一新塾」に入塾（9期生・11期生）。平成14年退社、民主党大阪府第14区総支部長に就任。平成21年の衆議院議員選挙にて初当選。

中野剛志（京都大学大学院准教授）

昭和46年生まれ。東京大学教養学部卒業後、通商産業省（現経済産業省）に入省。資源エネルギー庁新エネルギー部新エネルギー対策課課長補佐などを務める。また、英国エディンバラ大学に留学、博士号（社会科学）取得。現在、京都大学大学院に准教授として出向中。著書に『自由貿易の罠　覚醒する保護主義』（青土社）、『考えるヒントで考える』（玄戯書房）、『TPP亡国論』（集英社新書）など多数。

まんがで読む古事記

最新刊
第3巻
好評発売中!

978-4-7926-0433-2

978-4-7926-0414-1

978-4-7926-0419-6

久松文雄・著

古事記の入門書に最適!

漫画界の巨匠、久松文雄がライフワークとして挑む、日本最古の歴史書・古事記のまんが化!誰にでもわかりやすく、簡単に読める古事記の入門書です。

▼第1巻では天と地のはじまりからスサノオのヤマタノオロチ退治まで。

▼2巻では「いなばのしろうさぎ」の大国主神から海幸山幸までを収録。

▼最新刊の3巻は、中ツ巻（なかつまき）の初代・神武天皇から第十一代・垂仁天皇までの御世を描きます。

▼まんがで読む古事記 1巻～3巻

▼定価／各980円

亡国最終兵器
——TPP問題の真実

2011年8月8日　初版発行

編著
水島　総

発行者
蟹江磐彦

発行所
株式会社　青林堂
〒150-0002　東京都渋谷区渋谷3-7-6　第6矢木ビル4F
電話 03-5468-7769
http://www.garo.co.jp

協力
株式会社 スピーチ・バルーン

装丁
株式会社　北路社

印刷
株式会社 シナノパブリッシングプレス

ISBN 978-4-7926-0435-6　C0030